我们一起解决问题

（青少版）

PPT演讲力

会演讲的孩子

学习好、朋友多、更自信

Sophie 著

栗 沙 绘

人民邮电出版社

北 京

图书在版编目（CIP）数据

PPT演讲力：青少版：会演讲的孩子学习好、朋友多、更自信 / Sophie著；栗沙绘. -- 北京：人民邮电出版社，2024.4
ISBN 978-7-115-63989-9

Ⅰ.①P… Ⅱ.①S… ②栗… Ⅲ.①演讲－语言艺术－青少年读物②图形软件－青少年读物 Ⅳ.①H019-49 ②TP391.412-49

中国国家版本馆CIP数据核字（2024）第052280号

内 容 提 要

表达能力是一项非常重要的个人素质，正在受到越来越多学生和家长的重视。

本书以"大树法则"为基本框架，结合青少年学习、生活中的演讲表达场景，从主题选择、逻辑梳理、故事叙述、金句设计、素材积累等五个方面，详细讲解了系统提升表达能力和演讲效果的方法。书中的案例从作业展示、班委及三好学生竞选，到入学面试、活动主持，涵盖了青少年学习生活中的多个关键场景，这本书既可以亲子共读，也可以由青少年自己阅读学习。

本书适合那些希望提升自身表达能力的青少年阅读，也适合家长与孩子共同阅读。

◆ 著 Sophie
　　绘 栗 沙
责任编辑 王飞龙
责任印制 彭志环

◆ 人民邮电出版社出版发行　　北京市丰台区成寿寺路11号
邮编 100164　电子邮件 315@ptpress.com.cn
网址 https://www.ptpress.com.cn
中国电影出版社印刷厂印刷

◆ 开本：880×1230　1/32
印张：7.25　　　　　　　2024年4月第1版
字数：200千字　　　　　　2024年4月北京第1次印刷

定价：59.80元

读者服务热线：（010）81055656　印装质量热线：（010）81055316
反盗版热线：（010）81055315
广告经营许可证：京东市监广登字20170147号

前言

这本书既是写给孩子的，也是写给父母的。

致孩子——
"我还是个孩子，演讲跟我有关系吗"

孩子们好：

演讲跟你们很有关系！

小时候，不敢举手发言，得不到老师关注；

长大了，不会工作汇报，得不到领导赏识。

小时候，不敢竞选班委，在集体中就很难有存在感，也会拖累学习成绩；

长大了，不会竞聘高管，在公司里是"透明人"，升职加薪就很难轮到你。

小时候，升学面试不敢表达，影响考官对你的印象，你可能会与名校失之交臂；

长大了，求职应聘不会展示，被面试官淘汰，你会失去在名企工作的机会……

三岁看大，七岁看老，小时候的这些"表现"，可能会影响你未来的一生。所以，《PPT演讲力（青少版）》这本书，就是送给你的一个秘密武器——赋予你"敢演讲、会演讲、爱演讲"的神奇力量，让你一开口，就赢了。

神奇力量1——"我的成绩变好了"

练习演讲之后，很多孩子会发现自己的成绩提升了，特别是语文。语，就是口头语言，指听和说（演讲）；文，就是书面语言，指读和写（作文）。"语文"就是口头语言和书面语言的统称，是人们相互交流思想的工具。近几年的高考作文题，有很多是以发言稿、主持词、演讲稿等为题材要求考生写作。所以，学会演讲对学好语文有很直接的帮助。

成绩有提升的还不只是语文。世界公认的高效学习方法——费曼学习法，其核心思想就是用"输出"倒逼"输入"，让学习者把学过的知识讲出来。为了讲清楚，我们的大脑会不停地回忆，不断地思考、理解、总结、提炼学过的知识，形成口头语言。经过这样的输出训练，你听课的态度、认真的程度都会和以前大不相同，学习效率也会大大提升。

我曾经看过这样一个故事。

一位农民，几乎没有念过书，但是却把自己的两个孩子都送进了名校，大女儿考进了清华，小儿子考进了北大。当人们问这位农民父亲有没有培养孩子的绝招时，他回答："没啥绝招——不过是让孩子教我罢了！"

原来，他知道自己没什么文化教孩子，他就反过来，让孩子教他，让孩子把老师在课堂上讲过的内容，再给他讲一遍，他边听还边夸奖孩子厉害、讲得好。讲不明白的地方，就让孩子第二天问老师。孩子白天是学生，晚上是老师，学习的劲头别提多大了！这个父亲在无意中让孩子们养成了"以讲促学"的学习习惯，只是他自己不知道这就是费曼学习法。

神奇力量2——"我的胆子变大了"

为了一次公众演讲，你准备、准备再准备，练习、练习再练习，从上台前的紧张害怕，到上台后的勇敢面对、战胜恐惧，完成整场演讲、获得掌声，等到下台时你忽然有了一种"好像也不过如此""其实也就那样"的释然感和掌控感。经历这个过程，你在潜意识中会认识到，原来觉得很难的事情，真正做下来也没有想象的那么难，这样你就会以积极乐观、自信勇敢的心态面对所有未来的、未知的难题。这是个人成长中的一段重要经历，花多少钱也买不来。

神奇力量3——"我的朋友变多了"

每个人内心都渴望交到朋友。很多时候，你如果能主动跟别人分享自己的想法，就会更有可能与更多的同学因为志趣相投而产生连接，这样自然而然就建立起了稳固的同伴关系。相反，很多孩子之所以交不到朋友，往往是因为他们不善于表达，要么回避，要么争吵。萨特有句名言："他人即地狱。"人的痛苦，几乎都是源于人际关系。

交朋友的能力，往往会发展出一种更高级的社交能力——领导力。检验一个人领导力水平的好方法就是——

"来，上去讲两句……"一个好的领导者总是能够把他的观点、想法讲得清楚、明白，赢得听众的信任、认同，这样的人自然就能得到更多的支持和追随者。

致父母——
"我是父母，如何陪伴和指导孩子练习演讲"

爸爸妈妈们好：

从现在开始，我想跟你们一起，做一件非常棒的事情：帮助孩子学会演讲！这个过程必须有你们的"神助攻"，因为虽然演讲能力很重要，但是学校几乎不教；课外口才班、小主持人班会教，但教的往往都是一些表面技巧，很多孩子学了一两年，也就学了一些绕口令、朗诵了一些诗歌……这些"表演"离真正的表达相距甚远。好的演讲能力体现在孩子与他人建立关系、建立合作、达成目标的能力上。

沃伦·巴菲特（Warren E.Buffett）曾说："要学会演讲，这是一项可以让你持续获利五六十年的资产；如果你不会演讲，就要承受五六十年的损失。"

戴尔·卡耐基（Dale Carnegie）曾说："一个人事业的成功，只有15%是由他的专业知识和智力水平所决定，另外的85%则要靠语言表达能力来实现，包括沟通水平、讲话技巧以及说服他人的能力。"

神助攻1——做最好的听众

好妈妈、好爸爸从做好听众开始。

这个环节的关键是倾听和欣赏，孩子只有感受到被尊重，他们才有表达的动力。我们家有个睡前仪式——陪儿子说悄悄话，就是躺在床上聊聊今天发生了啥好玩的，或者学到了啥有意思的新知识。记得有一次儿子跟我说，老师又表扬了他们班的学霸。我问他："你嫉妒？"他说："我很羡慕，但是我不嫉妒。"我接着问："为啥啊？"他说："嫉妒学霸也不能成为学霸，只有向他学习才能变得和他一样优秀。"我夸他说："赞赞赞，这境界，这格局，妈都不如你，哈哈哈。"所以，父母的每一次鼓励和捧场都在塑造孩子的世界。

神助攻 2——做最好的战友

　　每个人都有与生俱来的表达欲望——跟别人分享美好，向别人展示才华等，只是很多时候孩子有话不想说、无话可说、有话不敢说、有话不会说。那么，不如我们现在就开始，和孩子共读、共学、共练这本书，在共同经历的过程中成为知心战友，也许这是我们能给孩子的最好的礼物。

这本书带给你的价值

价值 1：掌握演讲的底层逻辑——"大树法则"

　　这本书以我独创的演讲"大树法则"方法论为地基，上层覆盖孩子校园生活中会遇到的各种演讲情境——自我介绍、班委竞选、升学面试、演讲比赛、社交活动等，教授给他们那些被验证过的演讲和PPT设计技巧，并提供对应的示范案例，让孩子们一学就会、一用就成！

价值2：加入最新AI技术——你拿到了"屠龙刀"，但是知道怎么挥动它吗

诺贝尔文学奖获得者莫言曾用ChatGPT写节目颁奖词，以色列总统艾萨克·赫尔佐格（Isaac Herzog）也曾用ChatGPT写全球会议演讲稿……未来的竞争，会从"人淘汰人"变成"人+AI淘汰人"。

但是，你有没有发现，同样是ChatGPT，为什么有些人用起来是人工智能，有些人用起来却是"人工智障"？比如有些人用AI写的演讲稿，只是文字通顺，但内容全是瞎编和假大空的东西，做的PPT也不好看……是有些人的AI比其他人的更聪明吗？肯定不是，要想把ChatGPT用好，你必须给它一个好提示（Prompt），尽可能准确地描述任务，这样AI才能听懂、做好你想让它做的事。我在这本书里详细讲解了如何给出"好提示"，让ChatGPT帮助我们做好PPT演讲。

现在就有人专门做这种工作，叫做提示工程师（Prompt Engineer），他们的工作就是给ChatGPT提供"好提示"，让AI更好地理解和生成内容。而且，他们的年薪也是相当高的，有国外公司在招聘时给出的年薪是17万~33万美元（约合人民币117万~227万元）。

价值3：扫码即可观看教学视频，手把手教你学 PPT 设计

本书将演讲方法完美地与 PPT 设计结合。配套提供了 PPT 设计教程视频，读者扫描本书内文中相应位置的二维码就能看，跟着就能做，学习零压力。

总之，我希望本书可以让更多的孩子从小就能拥有更好的表达能力，并由此受益一生。

目录

CONTENTS

第三章　枝（逻辑）——除了"然后"，你还能说什么

第四章 / **叶（故事）——你是讲故事，还是讲道理**

第五章 / 果（传播力与影响力）——你想让听众记住什么

第一章

"大树法则"，
演讲＝种树

如果把你的演讲比作一棵大树，树干就是你的主题，树枝就是你的逻辑，树叶就是你的故事，果子就是你的传播力和影响力，树根就是你的能量，这些组合在一起就是演讲的"大树法则"。

干（主题）——你到底想要讲什么

日常闲聊，我们都是想到什么就说什么，可能前一秒谈论的是一件事情，后一秒又谈论另一件事情，话题的转换是随时随地的。但是演讲不一样，演讲的"话题"是固定的，就像建筑师在盖房子之前，就要告诉别人房子造出来之后的样子，不能边盖边想或者边盖边变换房子的设计。同样，演讲者在开口说话之前，也要明确主题，给自己设计一个想要表达的"中心思想"。

Sophie：没有图纸，就不知道怎么盖房子。同样，没有主题，也就不知道如何组织语言表达。

所以，在准备演讲前，我们要问自己一个问题："我希望听众听完后有什么样的感受，做出什么决定与行动？"

比如，你要讲"习惯"，但是压根不知道自己到底是为了什么目的去讲。左想想，讲个纠正随地吐痰、乱扔垃圾的坏习惯吧？右想想，还是说些专注阅读、做作业的好习惯呢？……演讲者找不到可以说的主线，听众就不知道他到底想说些什么。

我的一位10岁的学员所做的演讲《一日之计在于"前一天晚上"》，标题就亮明了自己关于"习惯"的观点，而且见解独到，还没开讲，就已经在听众心中打下问号，听众会好奇：为什么一日之计不是在于"晨"，而是在于"前一天晚上"？

Sophie： 演讲的目的，不是把内容填鸭式地讲完，而是传递有价值的思想。

另外，没主题或主题不集中，就没重点。你会不自觉地从演讲模式又切换到默认的闲聊模式，想到哪，讲到哪，讲着讲着，就容易讲成流水账，就像摄像机一样，先干什么，再干什么，然后怎么样，结果是什么，从头到尾记录下来……完全没有自己的态度、思考。

击杀"流水账"讲话方式的第一招就是培养自己的"主题意识"，讲话的时候，一定要在心里装着一个主题，想着主题、念着主题，围绕着主题来讲。不要讲与主题无关的话，否则会冲淡主题或者跑题；更不要讲与主题相矛盾的话。

Sophie： 如果把太阳比作你要表达的思想和观点，那么围绕太阳旋转的行星，就是你演讲的内容，无论说什么，都不能脱离、偏离正轨。

没有中心思想　　　　有中心思想

中心思想

陈述

Sophie：平时考试写作文也是一样，跑题，0分；偏题，老师只会象征性地给几分。

　　扪心自问：听众为啥不打游戏、不刷视频，要花时间来听你的演讲呢？答案是因为他们对你的演讲主题感兴趣！我将在本书第二章教同学们如何选对、选好演讲主题，以及如何设计开场白，把听众带入你的演讲主题里。

一 主题只讲一件事：什么都想讲等于什么都没讲。

小 主题越大，演讲越无聊，我们要"小题大做"。

你 从听众的需求出发，才能把话说到对方心坎里。

多 重要的事情说3遍，演讲主题要重复讲！

新 主题雷同又雷人！如何让你的演讲与众不同？

枝（逻辑）——除了 "然后"，你还能说什么

当我们明确了演讲主题（树干），聚焦到一个点之后，为了让听众进一步理解和接受这个观点，我们还需要想清楚先讲哪一块，再讲哪一块，以及不同部分之间的联系是什么。这就像搬家时要用到一个个收纳箱，分类组块；而不是乱糟糟的，将所有物品都堆在一起，让人难以分辨。

Sophie：自己都没有想清楚，怎么可能指望去说服别人？

逻辑=顺序+联系

一个人说话没逻辑，原因要么是顺序不对，要么是联系不对，要么是顺序和联系都不对。调整顺序，厘清联系，就有逻辑。

而且听众听我们演讲和看视频、看书差别很大。

看书可以随时翻到任何一页，看视频可以随时停下来

倒回去重看，或者快进跳着看，但演讲是直线性的，演讲者一旦开口，只能前进，一句接着一句地说，不能回头。这也是为什么很多同学喜欢用"然后……然后……然后……"（英语里是"and"）连接所有的句子，但是句子之间并没有逻辑上的关系，听众也并不知道上下文的关联。有些演讲者说了太多的"然后"，又把这个词变成了口头禅，无意识、不自觉地讲，听众听起来也很不舒服。

怎么办？分类！

你可以在三秒内记住下面这段数字吗？

1837625243761584

99.9999%的人会说"不可以"！

但是，如果我们把这串数字换一下位置，变成：

1122334455667788

你会发现第二串数字好记得多，为什么呢？

因为这串数字相比第一串，有分类，很好记。

> Sophie：人偏爱有序，讨厌无序；有序就是逻辑，无序就是混乱。

最简单的方式就是分三类，把内容分成三部分来讲，即三点式逻辑——

- 我有三点收获……
- 我有三个建议……
- 我给大家分享三个有趣的故事……
- 我给大家介绍三位杰出的人物……
- 我将从三个方面讲述……

在演讲中，你可以把"然后"换成"1、2、3+关键词/句"。关键词/句就像是公交车报站，清楚地说出下一站是哪里，终点站在哪里，乘客才会踏实。比如，"在接下来的18分钟里，我会用陪伴、兴趣、梦想这三招，让不喜欢阅读的孩子爱上阅读"。（承诺开场）

Sophie：就是这么神奇，哪怕你只是在每段话前面加上序号1、2、3，听众也会立马就感觉有逻辑了。

如果演讲时间更长，内容更多，你可以再继续分类。

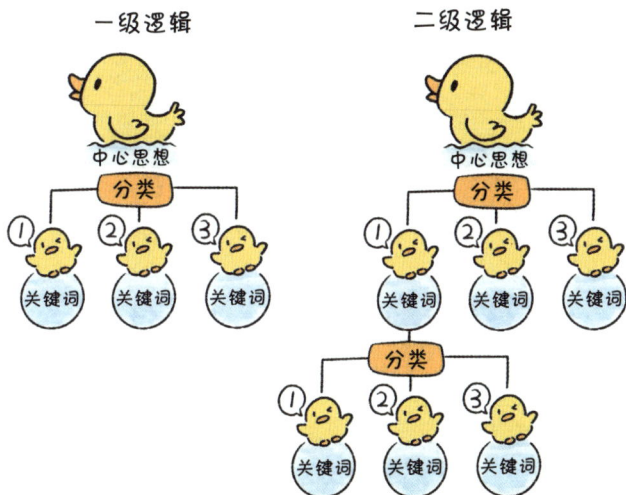

一级逻辑　　　　　　　　二级逻辑

同学们可以借助思维导图帮自己搭建逻辑结构。等你们学完本书第三章——"枝（逻辑）"，然后就没有"然后"了。

叶（故事）——你是讲故事，还是讲道理

当我们明确了演讲主题（干），清晰了表达的逻辑（枝）之后，接下来，还要收集、筛选演讲材料（叶），以此来证明演讲主题。没有材料支撑，只有宽泛的大道理和逻辑，很难让人信服。那我们拿什么来证明和支持主题呢？

用事实。

观点VS.事实，你分得清吗？

无论你说什么话，都可以把内容分成两类：观点和事实。比如：

- 今天好冷（观点）VS.今天25℃（事实）
- 我爸爸是世界上最伟大的爸爸（观点）VS.我爸爸是警察（事实）
- 期末语文没考好（观点）VS.期末语文考了90分（事实）

......

观点是我们对人、事、物的主观看法和评价，1000个人就有1000个观点。但是，事实是客观存在、真实发生的事情，1000个人也只有一个事实。

Sophie：事实有真假，观点无对错。

今天好冷（观点）VS. 今天25℃（事实）

今天25℃是真的，可以通过温度计来测量。同样是25℃，你觉得热，你妈觉得冷，冷暖是个人的感受。难怪说，有一种冷，叫"妈妈觉得你冷"。

我爸爸是世界上最伟大的爸爸（观点）
VS.
我爸爸是警察（事实）

一个同学说"我爸爸是世界上最伟大的爸爸"，另一个同学说"你说得不对，我爸爸才是世界上最伟大的爸爸"，观点因人而异。一个同学说"我爸爸是警察"，是真的，其他所有同学也会说"他爸爸是警察"，事实只有一个。

我们平时说话，偏爱说观点，不爱说事实，或者喜欢把观点当成事实。很多争吵也是基于观点，双方都觉得自己是对的、好的，就像《冰雪奇缘》里面的爱莎和安娜姐妹俩，你喜欢爱莎，我喜欢安娜，谁也说服不了谁，争来争去没意义。

Sophie：事实不可否认，而观点则可以不认同。

分清事实和观点是第一步，接下来我们要用多个事实，以及个别观点，来证明演讲主题。

权威的背书（观点）

引用权威人物说过的话来强化观点。比如想做演讲《不和别人比，好好做自己》，你就可以引用爱因斯坦曾经说过的话："每个人都身怀天赋，但如果用会不会爬树的能力来评判一条鱼，它会终其一生以为自己愚蠢。"

其实，就连小孩子拌嘴，都知道用"我爸妈说过"或者"老师说过"等话语来给自己撑腰。

Sophie：所以，想让自己拥有话语权，你也必须提升自己的价值，成为权威。

具体的数据（事实）

用数据说服是最简单也最有效的说服手段之一。

比如我们学员的演讲《整理：受益一生的好习惯》，引用了以下的数据。

哈佛大学的研究人员对400多名儿童进行了20年的跟踪调查，他们发现从小善于做家务的孩子与不做家务的孩子相比，成年后，他们的失业率是1：15，犯罪率是1：10；前者收入会高出20%，家庭更幸福美满，心理疾病患病率也更低。

演讲者以此证明，孩子学会整理自己的物品，将来才能整理好人生。

再比如，网上购物的大多数决策都离不开数字，我们会习惯性地看看有多少人"购买"、有多少人"收藏"、有多少人"评价"、"好评"有多少、"差评"有多少。商家也会用数字刺激我们尽快采取下一步行动，比如"有4782人已经购买""99%好评率"。与模糊笼统的商品描述相比，数字更有说服力。

动人的故事（观点和事实）

如果你想讲道理，那就先去讲故事。故事，是人类最底层的认知模式，等故事讲完了，道理自然也就听进去了。

在选取演讲故事时，我们要遵循"由近及远"的原则，优先选择发生在自己身上或者身边的故事，再选择别人的故事；优先选择最近发生的故事，再选择过去发生的故事；优先选择真实的故事，再选择虚构的故事（寓言等）。总结起来，就是要按以下优先顺序来选择故事：

①自己的故事
②热点新闻故事
③古今中外的名人故事
④成语和寓言故事

自己的故事

每次我说"我就拿自己举个例子"的时候，底下的听众就一下子来了兴趣。有很多演讲者为演讲素材发愁，不知选用什么材料好。其实，我们自己就是最好的演讲素材。我们自己的故事、自己的经历、自己的见闻，都是我们自己真正体验过的，最真实、最有说服力，也最能打动听众的心。

Sophie：记故事要比记其他内容（数据、理论等）更容易，所以，讲故事可以让你更容易在公众表达时有流畅、出彩的表现。

热点新闻故事

这类故事是指那些近期发生的、引起广泛关注的事件或现象，它们能够立即引起观众的注意和兴趣，还可以使你的演讲内容与现实世界紧密相连。比如我们的学员演讲《"内卷"还是"躺平"？》，以热点新闻故事"浙江台州商场五一劳动节举办躺平大赛"作为开场，先播放了一段视频，在视频中，100多个人躺在瑜伽垫上，比赛谁能躺得最久。最后，第一名躺了近6个小时，赢得了5000元的奖励。这个热点新闻视频不仅立即吸引了观众的注意力，还巧妙地引出了演讲的主题思想——"内卷"和"躺平"之外还有另一种状态叫"松弛感"。

古今中外的名人故事

名人通常具有广泛的知名度和影响力，他们的故事能够提供有力的例证，支持演讲者的观点。

比如我曾经在演讲《我很勤奋却没有回报，怎么办》时，针对这个主题给出了3个答案（分3类）：（1）你还不够勤奋；（2）勤奋的过程就是回报；（3）勤奋要姿势正确。以此作为整个演讲的逻辑框架。

在讲第一个答案"你还不够勤奋"时，我就选取了两个能够支持我的、与我看法一致的名人故事（一中一外，多个角度论证），下面是演讲稿的节选内容。

天道酬勤，酬的不是那种一般的勤奋，因为那太普通了。那么，什么样的勤奋才能算是"不普通"的呢？

先给大家看一张手的照片，这是一只没有指纹的手，这是中国第一位男子游泳奥运会金牌获得者——孙杨的手。

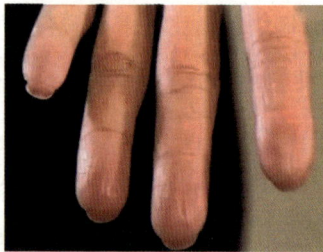

他的双手在水里泡了二十多年，每天都要泡十几个小时，长时间的努力训练，让他双手的指纹都被磨没了，出国比赛办签证的时候，孙杨连指纹都录不上……

再说说康多莉扎·赖斯，她是美国历史上第一位非裔女性国务卿。当有人问她成功的秘诀时，她毫不犹豫地回答："因为我付出了8倍的勤奋。"

赖斯十岁那年，全家到美国首都华盛顿旅游。然而，因为她是黑人，所以不能进入白宫参观。那一刻，小赖斯感到十分气愤，她转身告诉父亲："总有一天，我会在里面工作！"她的父母非常赞赏她的志向，并告诉她："如果你拿出2倍的劲头往前冲，或许能赶上白人的一半；如果你愿意付出4倍的勤奋，就能跟白人并驾齐驱；如果你愿意付出8倍的勤奋，就一定能赶在白人的前头。"

赖斯记住了父母的教诲，并付诸实践。她数十年如一日地努力学习，不断提升自己。除了母语英语，她还精通俄语、法语、西班牙语等多国语言；她考进了丹佛大学，并最终获得了博士学位；26岁时，她成为斯坦福大学最年轻的教授，随后又出任斯坦福大学历史上最年轻的教务长。她的才华和勤奋不仅体现在学术上，她还曾获得美国青少年钢琴大赛第一名，同时在网球、花样滑冰、芭蕾舞等领域也表现出色。

当你还在怀疑自己的勤奋没有回报的时候，先问一下自己是否有付出了8倍的勤奋？

成语和寓言故事

这类故事通常包含深刻的道理或哲理，能够引起听众的共鸣和思考，一般大家都比较熟悉，这里就不举例了。

1 权威的背书
2 具体的数据
3 动人的故事

　　为什么有些人讲话只是干巴巴地说教，别人听不进去，而有些人讲话有血有肉，别人听了都会点头称赞、被说服？两者的根本区别在哪里？区别就在于前者没有对他们所讲的话进行证明。很多人善于讲道理，却不善于证明他们的道理。这是演讲高手和非演讲高手之间的区别。

Sophie：没有一个道理能够击败另一个道理。

　　我将在本书第四章——"叶（故事）"通过具体、共鸣、幽默、创新、转折五个要素，教你讲一个五星级的好故事，让你成为有故事的人。

根（能量）——怎样才能不紧张

想要在演讲中做到素材（叶）信手拈来，平时就要广泛涉猎、积累各种事实和观点，不要等到演讲现场临时想，这样脑子容易卡壳，或者一下子又想不到特别好的。所以，演讲不仅是语言的传播，更是能量的传递，你的能量来自你的知识储备、深度思考、真诚热情等。

无论是谁，第一次上台讲话都会不习惯、不适应——心跳加速、手心出汗、呼吸困难……这并不是心脏病发作，而是紧张！演讲紧张的反面或者反义词是什么？很多同学的第一反应都是"放松"。实际上，不是"放松"，而是"兴奋"。

你有没有发现：你紧张时的表现和感受，跟兴奋是一模一样的，也会心跳加速、手心出汗、呼吸困难……这些都是我们启动了应激状态，唤醒了我们的身体，去应对眼前的问题。紧张和兴奋的能量都很大，但是方向完全相反。

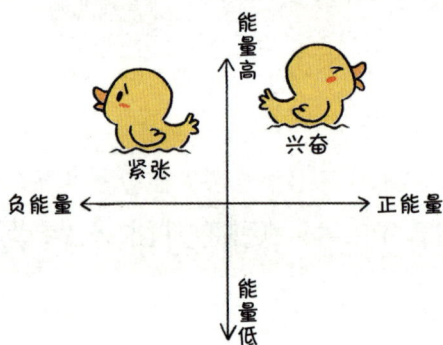

紧张是负能量状态，因为你没有做好准备，认为自己没有能力解决眼前的问题，你会感到自卑焦虑、烦躁不安，有一种要死的感觉。

兴奋是正能量状态，此时你已经做好了充分的准备，你认为自己有能力解决眼前的问题，你会感到浑身充满动力，脑子也比平时转得快，有一种掌控全场的感觉。在这种情况下，你往往能够突破自己原有的水平，表现出色。

所以，当你紧张的时候，如果你只是试图让自己放松、冷静下来，你就相当于放弃了"紧张"给你的能量包，最终的表现会很一般。

我将在本书第六章——"根（能量）"介绍如何获得源源不断的力量，慢慢地，你演讲时就不紧张了，甚至会感到很兴奋，迫不及待地想把准备已久的内容分享给听众，看看自己能表现得多好，成长了多少。

果（传播力与影响力）——你想让听众记住什么

公众演讲和日常聊天不一样的地方还在于：聊天一般没有目的，而演讲是有目的的，目的就是让听众认同、记住并传播演讲者的中心思想或核心观点（主题）。想象一下，你听了一次演讲，隔天同学问你"讲了些啥"，如果你只会说"还不错"或者"不太行"，但是无法直接转述，不能用一句话概括演讲内容，那这个演讲就没有二次传播，即产生果（传播力与演讲力）。

我们要向广告学习，广告语就是最好的"果"（传播力与影响力），好的广告语被记得快、传得快。比如"怕上火，喝王老吉""学厨师，就到新东方""巴黎欧莱雅，你值得拥有"……就算我们心里觉得这产品真的不错，也不一定说得清楚到底哪里好，但广告语就不一样了，它已经帮我们把产品的优点总结好了，直接就能让我们再去告诉别人。

Sophie：说得太多，别人会记不住；只强调一句话，反而更容易让人记住。

演讲里的"广告语"就是"金句"，比如乔布斯最经典的、在斯坦福大学毕业典礼上的演讲金句，"Stay hungry, stay foolish（求知若饥，虚心若愚）"；再比如我经常挂在嘴边的口号"关键时刻，不要输在表达上"……

一场成功的演讲，不过是让听众记住了演讲者的某句话，并传播而已。本书第五章——"果（传播力与影响力）"将教会大家，如何让别人在听了你的演讲后，思想和行动都发生变化，这样你就真的在改变世界啦！古往今来，那些善于进行公众演说的人往往都有非凡的领导力和号召力。

Sophie：互联网让你的演讲能够穿越时间、穿越空间，理论上，可以影响地球上的所有人，甚至有一天可以传播到外星球。

第二章

干（主题）——
你到底想要讲什么

（一）主题只讲一件事：什么都想讲等于什么都没讲

很多人为了让自己显得"能说会道"，会不自觉地一次性表达多个观点，这样会在演讲时说的内容看起来很多。但事实却是，让人觉得很乱、很浅。

比如你讲10件事，用了10分钟，平均分配到每件事也就1分钟，蜻蜓点水，听众听了一大堆事，但没有一件事能够记得清楚。这样的演讲效果，怎么比得过10分钟讲好一件事，把一件事讲深、讲透呢？

所以，演讲时间就那么多，你要集中火力，只挑一件事讲。

比如"介绍自己的爸爸、妈妈"这样的主题，要是把爸爸、妈妈的一生都讲一遍，那得讲很久！所以咱们要挑一个最能体现爸爸或妈妈特点的故事来讲。我就曾经在课堂分享过一篇《学爸：让我赢在"起跑线"》的演讲。

我爸爸有很多特点，比如爱好摄影、习惯沉默寡言，但我就选了一个——学爸，就是在辛苦工作之余，仍然耐心辅导孩子学习的爸爸。这篇演讲的主题也很聚焦：爸爸的陪伴和爱，才是孩子的起跑线。听完这篇演讲，大家都觉得，真的是有学爸才有学霸啊！

Sophie：弱小的人，只要集中力量于一点，也能得到好的结果；相反，强大的人，如果把力量分散在许多方面，那么也可能一事无成。

我们要像后羿射日一样，把多余的"太阳"，也就是多余的演讲主题、内容都删掉，只保留一个你最想说的，也就是明确提出你的立场。演讲不能是"你好我好大家好"，否则听众会觉得"嗯，好像都对，但又好像什么都没说"。演讲应该是"不能向东向西向南，只能向北走"，演讲者还会告诉听众为什么要向北走，为他们指明方向。

Sophie：你同意什么，反对什么，要让听众一目了然。

（小）主题越大，演讲越无聊，我们要"小题大做"

"小题大做"就是通过小题材反映大主题，可以分两步来实现。

第一步：化大为小

沟通、创新、健康、科技、艺术、经济、环保……这些都不是好主题，一不小心就会沦为唱高调、说空话。因为它们太大、太宽泛了，你不可能把1吨土豆塞进一个超市塑料袋里——装不下。那如何缩小过于宽泛的主题呢？

TED演讲《怎样用纸巾擦手》就完美地解决了这个问题，演讲者乔·史密斯（Joe Smith）就是从一件小事着手，即每个人都会遇到的情境——洗完手之后，怎么用纸巾擦干，才能更好地解决纸巾浪费问题，来说明一个大主题——"环境保护"。

其实乔·史密斯老先生交给我们的方法很简单，就两个字也就是两个动作——"抖"和"折"：第一步，洗完手后抖12下，甩掉多余水分；第二步，纸巾先折1下再擦手，使纸巾接触面更多，并且可以无死角地吸收水分。他边讲边现场实验擦手，证明这种方法可以把纸巾使用量从每次3~4张降低到只用1张。

　　缩小主题，就是把主题这个大蛋糕切小到一块，切小到一个环节、类型、时间、位置等，让主题更加具体。《怎样用纸巾擦手》切的就是环保大主题下的小环节。

第一步化大为小

第二步以小见大

Sophie：用大树法则拆解这个演讲——
干（主题）：标题就告诉了观众要讲什么，即怎样用纸巾擦手；开场白又告诉了观众为什么要讲这个，"每人每天节约1张纸，

一年能节约571 230 000磅的纸巾，我们可以做到"。

枝（逻辑）：按照纸巾类型分成5类——三层的、分格的、切好的、可回收的、半边的，分别讲解和演示怎么擦手。

果（传播力和影响力）：整篇演讲重复、演示擦手的两个动作"抖"和"折"各5次，结尾再次强调主题——"现在，我们一起来说——抖、折"，给观众留下深刻的印象，想不记住都很难。

叶（故事）：比如幽默要素——"明年我来讲厕纸"等。

根（能量）：比如频频与观众互动，"左边的观众跟我一起说——抖；右边的观众跟我一起说——折"，大家都参与到他的演讲中来，他就成功了。

再比如，以沟通为主题做演讲，可以从以下几个方向缩小主题：

- 《考得不好该如何跟爸妈谈成绩？》

- 《3种方法让你不再害怕课堂发言！》
- 《如何用5个步骤解决朋友间的误会？》

以创新为主题做演讲，可以从以下几个方向缩小主题：

- 《创意日记：每天记录一个新奇想法》
- 《校园小发明家：制作一个简单的自动削铅笔刀》
- 《开发大脑潜能的10个创新思维游戏》

以经济为主题做演讲，可以从以下几个方向缩小主题：

- 《小小银行家：如何管理你的零花钱》
- 《学校跳蚤市场：如何做一个成功的摊位》
- 《如何买卖你的第一只股票？》

第二步：以小见大

以小见大就是把"小事情"装进"大系统"，具体的表达公式是：

以小见大＝你的想法＋大家的利益

当你把你的想法跟多数人的利益绑定后，就能起到强大的号召作用。比如我曾经在美国逛超市，有一款名字叫"杀手"的面包（Dave's Killer Bread）很快吸引了我的注意，包装袋印着创始人达夫（Dave）的故事——他如何从一名监狱囚犯成长为面包大王（小）。不仅如此，达夫还开启了"第二人生"计划——为有过犯罪背景的人提供工作机会，找一群坐过牢的人一起做面包。他的想法加上大家的利益，就是让更多人看到，即使犯了错的人，只要一心向善，一定会有第二次机会开始新的人生。（大）看完我马上决定就买它了，谁会拒绝一个健康且带有正能量的面包呢？

埃隆·马斯克也是把公司商业行为的"小事情"装进了全人类事业的"大系统"。特斯拉（小）的目标是推动人类实现从传统燃油车向电动汽车的转变，减少尾气排放，减缓气候变化（大）；SpaceX（小）的目标是降低太空探索的成本，使人类有能力实现多星球居住（大）。你看，他把他的想法和大家的利益绑在一起，谁不喜欢这样的科学狂人和商业奇才呢？

接着上面缩小主题的例子，我再具体讲一下。

大主题：沟通

第一步：（化大为小）《考得不好该如何跟爸妈谈成绩？》

第二步：（以小见大）构思演讲框架。

你的想法：分析三种沟通模式——坦白型、欺瞒型、反思型，让爸妈平和地接受你的分数。（小）

大家利益：避免因为成绩爆发家庭"战争"。通过反思，找到丢分点，做成"丢分清单"，这样才能找到对策、解决问题；还要告诉爸爸妈妈你好好学习的决心，邀请他们支持并见证你学习的过程。毕竟，哪个家长不希望自己的孩子学习越来越好呢?（大）

大主题：创新

第一步：（化大为小）《创意日记：每天记录一个新奇想法》

第二步：（以小见大）构思演讲框架。

你的想法：发明一个工具，可以记录脑海中突然窜出来的奇思妙想，比如"梦境控制器"。（小）

大家利益：少年强则国强，少年会创意则国家能创新。鼓励更多同学参与到这个简单的实践中来。（大）

大主题：经济

第一步：（化大为小）《小小银行家：如何管理你的零花钱》

第二步：（以小见大）构思演讲框架。

你的想法：帮助同学建立良好的消费和储蓄习惯。（小）

大家利益：财富的真正价值并不在于它本身，而在于你如何使用它。如果你只是用钱来满足自己的小欲望，比如买一些玩具或者零食，那么钱很快就会用完了。但是，如果你用钱来学习、帮助他人或者创造一些有意义的东西，那么这些钱就能产生更多的价值、创造更多的钱。（大）

（你）从听众的需求出发，才能把话说到对方心坎里

比如，有人走进一家五金店，要买一个钻，我们应该想到，他之所以要买钻，并不是因为他需要一个钻，而是因为他需要打一个孔，去挂一幅画或者在墙上安装一个架子。所以，我们卖的不是钻，而是买家的需求，我们不能光讲钻多么多么好，还要讲我们的钻能帮助对方打一个多么多么合适的孔，这样才能把钻顺利卖出去。同理，演讲者要讲你的主题跟听众有什么关系，如果没有关系或者关系不大，听众为什么要听你演讲呢？

① 我要表达什么？
你的目的，即主题。→想卖钻

② 听众想听什么？
听众的目的，比如想学习，想有启发等。→想要孔

③ 我讲的这些东西如何跟听众产生关系？→卖钻讲孔

比如，你想说服父母同意你养一只宠物狗（卖钻）。你光说自己喜欢狗（讲钻）可能没有太多说服力，因为他们可能不喜欢狗，养你已经够累了，还要养狗就更累了。如果父母就是不同意，你该怎么办？这时，你就要想，父母想要什么？大多数父母最想要的是孩子学习成绩好（孔）。所以，你就讲养狗可以让你的学习成绩更好（卖钻讲孔），具体可以这样说。

你们看我的同学小明，他以前天天就知道宅家玩手机、打游戏，但自从养了狗，他每天都得带狗狗出去散步，反而运动多了，学习也更专注了。还有邻居小红，她说把狗狗慢慢地养大是培养责任感的最好方式。有责任心的孩子成绩不会差，因为学生最大的责任就是学习。爸、妈，我知道你们希望我能有个好成绩，养狗真的对我的学习有好处，我们养一只吧。

和听众关系1：演讲内容对听众有用、有帮助，比如有干货（听众想学习）、有思考（听众有启发）。

和听众关系2：了解你的听众，找到适合他们的表达内容、方式。

就算是同一个演讲主题，也要为不同的听众准备不同的内容。比如我分享"PPT演讲力"时，面对老师，我可能会准备课件制作、教学授课等内容；面对学生，我可能会准备课内外活动、演讲比赛等内容。

只要开口，就要对别人有帮助。只有这样，才能抓住听众的注意力，抓住听众的心，他们才会认真参与，仔细听你的演讲，他们满意，才会为你的演讲买单。

> Sophie：“以人为本”的演讲观就是与听众相关、让听众喜欢。

（多）重要的事情说三遍，演讲主题要重复讲

即使你的演讲只有几分钟，那也是成百上千字（每分钟约200字），听众肯定没法全记住，所以，你要做到以下几点。

1.把主要内容提炼成一句口号（15个字以内），这样容易传播。

2.至少重复三次，都说“重要的话说三遍”。

3. 强化观点，让听众印象深刻。比如，"我说过一万遍了，现在我要第一万零一遍地强调……"

千万别以为你讲了一遍，听众就能完全理解并永远记住。如果老师只讲解一遍知识点，班委只通知一遍活动细节，家长只提醒一次注意安全，大多数同学都会左耳进、右耳出；等他们第二遍讲这些事情的时候，也许有少数几个同学会开始注意；只有当他们把这些事情讲过三遍，甚至更多遍时，同学们才会开始重视，记住他们的话。

头马（Toastmasters）国际演讲比赛的冠军在演讲《I see something in you》（中文译作《我觉得你很特别》）时，讲了3个自己亲身经历的故事。在他迷茫、落魄的时候，他的老板、老师、老婆都跟他讲了这个主题句——"I see something in you"，加上标题和结尾，这个主题句在7分钟的演讲里共被提到了5次，让听众牢牢记住并广为流传。这句话激励大家认识到，每个人都是特别的，即使遭遇困境和挫折，也不应忘记自己的独特价值和潜力。这也是我最喜欢的演讲之一，我反复看了很多遍。

"重复强调观点"

把演讲的中心思想、核心观点提炼成一句口号重复3次。

Sophie：就像经典的歌曲一样，你不一定能记住整首歌，但你一定能记住一两句精彩的歌词，它们都是歌曲的高潮部分（相当于演讲主题），都要重复好几遍，比如周杰伦《双节棍》中的"快使用双节棍，哼哼哈兮"、梁静茹《后来》中的"后来，我总算学会了如何去爱"等。重复，让大家记忆犹新。

（新）主题雷同又雷人！如何让你的演讲与众不同

演讲比赛，经常都是大型"撞稿"现场，99%的人想到的都是相同的观点（甚至相同的素材），那你怎么能让自己的演讲和其他人区分开来呢？无奈我们中小学生受到年龄和视野的限制（生活面窄/学识有限），面对同一个问题，如何能提出与众不同的新奇观点呢？

超好用的方法1：直接拿金句当观点

金句，就是像金子一样有价值的句子，是把深刻的道理或观点浓缩成一句话，让听众内心有触动，有启发，有共鸣，想要立刻转发的句子。

Sophie：金句＋故事，是演讲比赛的秘密武器。给你任何一个主题，只要你的脑子里能快速找到一个与之对应的金句和故事，组织一个2~3分钟的演讲，你就大概率成功了。

比如金句：失败不是成功之母，成功才是成功之母。

参考主题：《成功才是成功之母》

成功不是通过失败累加而来的，而是通过成功激励而来的。如果一个人经常失败，就会有挫败感，那么时间一长，他就会自我怀疑。此后，遇到机会，他也会犹豫不决，遇到困难，就会早早放弃。这种犹豫和放弃，又会制造新的失败，让他们产生新的挫败感和自我怀疑，从此，人生就会陷入失败→挫败感／自我怀疑→犹豫／放弃→新的失败→新的挫败感／自我怀疑……恶性循环。

相反，成功让我们获得赞美和自信，让我们心态更加积极地迎接新挑战和新成功。

可选材料：男足，如果失败是成功之母，他们得有多少个"妈"呀，他们怎么没有成功过？

更多金句可参考本书第五章中提供的100个金句，直接拿去用，简直太方便了。

超好用方法2：直接参考TED官网

TED是目前全球最大、最具影响力的演讲平台之一。它邀请各行各业的顶尖人物做时长几分钟到十几分钟的演讲，传播有价值的思想。

打开TED演讲的官网，在Discover模块（如下图）你会看到主题按A-Z顺序排列，每个主题下面又有若干个演讲。

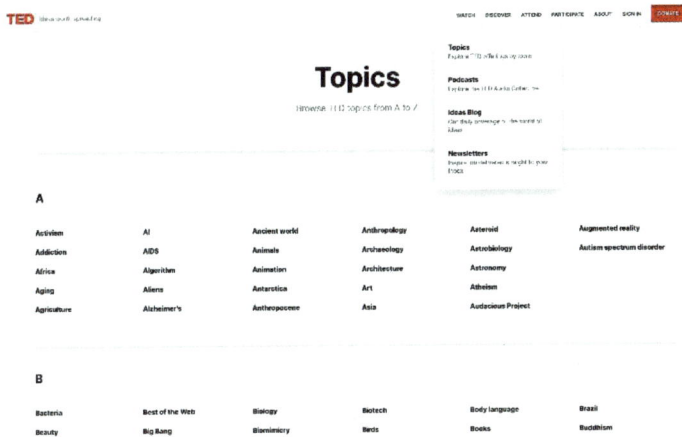

比如A→AI（人工智能）→

超级人工智能会终结世界吗？

人工智能能否帮助解决气候危机？

AI艺术时代，原创会是什么样子？

……

相信你会有很多启发。

播放任何一个视频，在视频下方都有Transcript（即文本字幕），还可以选择语言种类。

你会发现，80% 左右的演讲标题都是以"怎样""为何"和"哪些"开始的，这样的标题告知了主题，但留有悬念。也就是说，标题要体现你要讲的主要内容，但不要把谜底揭开。比如，你的演讲标题是：成功的关键是坚持。听众看完你的题目，会觉得没啥兴趣，这个道理他们也知道，很难吸引听众的注意力。所以标题不如换成《成功的关键是什么》或者换成数字《成功有 3 大要素，看看你具备几个》。这时听众就会想："到底是什么呢？是哪 3 个？"这样就会引发别人的好奇。

Sophie：一个好标题，会让观众迫不及待地想听听，你到底要讲什么。

（开场白技术）你该怎么进入主题，吸引观众注意

如何让演讲主题跟演讲主体天衣无缝地衔接在一起呢？你需要一个好的开场白！我们常见的开场白都是"大

家好，我今天演讲的题目是……"或者"好，接下来正式进入主题……"很明显，这样的开头很普通、很生硬，不能吸引观众。

怎么办？

好的开场白＝入题快＋抓眼球

"入题快"就是铺垫不要太长，3~5句话就要"出事"——快速讲出这个主题。千万不要让观众等，观众没那个耐心，更不要让他们自己想或者猜。"抓眼球"就是一开口就抓住观众的注意力，怎么抓？

好的开场白＝入场快＋抓眼球

开场白技术1：设计问题（答案是主题）→引发思考→进入主题

开场白技术2：播放影音（与主题相关的图片/视频/测试等）

开场白技术3：承诺好处

开场白技术1：设计问题（答案是主题）→引发思考→进入主题

这个方法就是围绕主题提出问题，引发观众的思考和兴趣。

比如你想讲《学生如何提升气质》，开场白就可以提出问题：

"你愿意被人夸漂亮，还是夸有气质？"

这时，你还可以进一步跟观众互动："选'漂亮'的请举手……选'有气质'的请举手……哈哈大家都选'有气质'，我也选'有气质'。"接着继续发问："气质这玩意，不好形容，我说了半天，大家可能还是不知道，但是看一眼就能马上知道这人有没有气质。我给大家看两组照片，你们觉得哪组有气质？……那么，他们有什么样的共同点，被我们称为有气质呢？今天我们就来聊聊这些共同点，提升我们自己的气质。"

这个开场白就是先设计问题，问到自己想要的答案，也就是主题，然后无缝切入。

开场白技术2：播放影音（与主题相关的图片、视频、测试等）

比如，你要讲人和自然的关系，开场就可以展示图片，一只熊和一个举着枪的猎人，在悬于山尖上的树干两端对峙。

熊在这里象征着大自然，举着猎枪的人象征着作为食物链顶端的人类。这张图精准地揭示了人与自然的关系，伤害自然，也意味着在毁灭自己。此处一图胜千言。

Sophie：这个创意来源于2019年央视主持人大赛，选手王嘉宁看图说话的题目，董卿更是爆出点评金句：枪响之后，没有赢家。

开场白技术3：承诺好处

一开始就要告诉听众，为什么要花时间听你的演讲，有什么好处，比如你可以像下面这么说。

★ "今天，我要和大家分享一些我亲身实践的方法，它们能帮助你们更好地管理时间，让你有更多的自由去做自己真正喜欢的事情。"

★ "在座的各位，你们是否曾经因为害怕在公众场合发言而错失过展示自己的机会？接下来，我要教给你们3个简单的方法，帮助你们克服这个恐惧，大胆地表达自己的想法。"

★ "同学们，你们是不是觉得数学应用题很难？今天，我要教你们3个解题小技巧，让你们轻松解决数学应用题。跟我学，保证你们觉得数学应用题So easy！"

……

这种"承诺式"的开场白就会引起听众的注意，因为它直接触及观众的利益。

当演讲还没开始的时候，听众们通常都在忙自己的事情。他们可能低头刷手机，或者和身边的人聊天。为了把听众拉回到你的"频道"，一个好的开场白非常重要。

Sophie：听众不会给你第二次机会，来建立对你的第一印象。

（PPT设计）一招轻松搞定让大家惊呼的封面

PPT和演讲，就像是你和小伙伴的搭档游戏。PPT就像是一张漂亮的画，而你负责把它解释给大家听。两者配合得好，演讲就会变得更精彩！

演讲——传播有价值的思想。

PPT（PowerPoint）——传递有力量的观点。

你细品一下，演讲和PPT不就是一个意思吗？

演讲＝PPT

一个是口头表达，一个是通过视觉呈现来传达信息。根据"大树法则"，它们之间存在一一对应的关系：

- （干）主题＝封面

- （枝）逻辑＝目录页和过渡页
- （叶）故事＝内容页
- （果）传播力和影响力＝结尾页
- （根）能量＝PPT背后看不见的东西，是"内功"

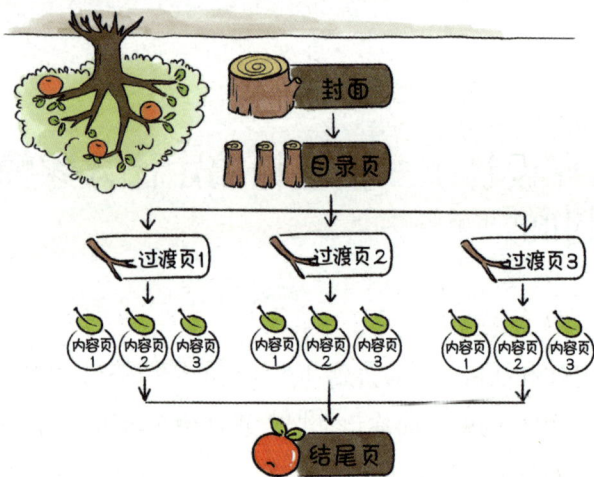

"干"是整棵大树的支撑和基础，就像PPT的封面，它表达的是你演讲的主题和核心内容，让观众一眼就能看出你要讲什么。

"枝"是大树的分支，它们支撑着树叶，就像PPT的目录页和过渡页。目录页帮助观众了解演讲的整体结构和内容安排，而过渡页则引导观众从一个话题顺利过渡到另一个话题。

"叶"就是PPT的内容页，就像树叶决定了树长成什么样子一样，演讲的核心信息和故事，直接决定了演讲的呈现效果和观众对主题的理解程度。

"果"就是PPT的结尾页。果子是整场演讲的"成果"和精华所在，就像我们演讲结束时做的总结一样，可以帮助观众记住演讲中最重要的部分，并且应用到学习、生活中去。这也像果子被摘走品尝，七大姑八大姨都说好吃一样，一个好的结尾页也能让观众纷纷点赞，甚至推荐给他们的朋友和家人，从而进一步扩大你的影响力。

"根"并不直接对应PPT的某一个具体页面，虽然看不见，但是它能给大树提供养分、能量。对于我们中小学生来说，培植树根的过程就是多读书、多经历、多思考，不断丰富自己的内心世界和知识储备。长此以往，无论面临什么样的演讲场合，你将都能有足够的自信和底蕴去应对。

因此，PPT封面就如同给人的第一印象，非常重要。

如何设计出惊艳的封面？请扫下面左侧的二维码观看教学视频，请登录右侧的网址（在电脑端操作）下载本书附赠的6段PPT设计教学视频用到的练习文件。

（PPT封面设计教学视频）

下载地址：
box.ptpress.com.cn/y/63989

（PPT设计教学视频用到的练习文件）

（关键时刻）自我介绍，让人立刻记住你，成为"人气王"

进入新学校、新班级，遇见新老师、新同学……在新的环境下，我们要做的第一件事就是自我介绍，介绍得好，可以帮助我们快速融入集体、迅速和新朋友们打成一片，介绍得不好，说了一堆，别人也不会记住、认识、喜欢我们。通常都说"请简单介绍自己"，但这事却一点都不简单。

在做自我介绍时，很多同学讲完自己名字，就不知道该说什么了。或者说："大家好，我叫小明，11岁，五年级，我喜欢篮球。"这样介绍自己，别人完全没有任何记忆点。

自我介绍，介绍的是什么？很多同学告诉我说："自我介绍，不就是介绍自己吗？"不、不、不，自我介绍并不是介绍"自己"，而是介绍自己对听众有什么用，这样他们才会对你有兴趣。

Sophie：所以说，要做一个对社会有用的人。

自己的用处只讲一个就行，千万别让人觉得，你这也行、那也行，全行等于全不行，没有一个能让人记住。

可以当作随身武器的两种自我介绍方法如下。

公式1：爱好型＝我是谁＋我的爱好（证据）＋我的爱好有什么用（简称"我好用"）

我是谁：名字＋年龄/年级。

有时候或者有可能你的名字太复杂、太正式，让人不好记或者对方可能没听清，这时你就可以换个相对简单的称谓（比如你的外号），最好能跟你后面提到的爱好对应上，在自我介绍的时候加上一句，"大家也可以叫我×××"或者"别人都叫我×××"。

- "我叫赵欣怡，大家可以叫我'小书虫'。"（爱好阅读）
- "我叫张梓涵，外号'代码小侠'。"（爱好编程）
- "我叫陈思琪，别人都叫我'小飞人'。"（爱好跑步）

● "我叫李明宇，同学们都叫我'数学小王子'。"（爱好数学）

我的爱好（证据）：这是自我介绍的记忆点，证据就是你爱好的成就事件和数字结果。

我的爱好有什么用：提供资讯和信息，教授方法和技能，给予支持和资源等。此部分也可省略。

"我是×××，教练叫我胡33，因为我50米自由泳最好成绩33秒，我可以5步教大家轻松Get自由泳标准动作。"（五年级学员）

老师的想法："这个同学很会自由泳，可以让她参加学校运动会，给班级争光、拿奖。"

同学的想法："这个同学很会自由泳，我想让她指导指导我。"

"我叫×××，是一个爱阅读的初一学生，今年我读了132本书，超过了我的身高。如果你不爱阅读，我有3招让你爱上阅读。"（初一学员）

"我叫×××，9岁，跆拳道蓝带选手，在刚刚结束的上海市闵行区青少年跆拳道比赛中获得三枚金牌。如果你想学习跆拳道，我很高兴跟你分享我的经验，谢谢大家。"（四年级学员）

"我是×××，10岁，是个恐龙控，我幼儿园的毕业作品是在爸爸的指导下完成的恐龙画册；我用皮影戏的方式给小朋友讲恐龙的故事，得到了无数的称赞；我几乎看过所有的讲恐龙的电影，比如《你看起来很好吃》；我吃穿住行只要有恐龙的元素就特别开心。"（五年级学员）

公式2：梦想型＝我是谁＋我的梦想＋为什么产生这个想法＋我为实现目标做了哪些努力＋我的梦想有什么用（简称"我有梦"）

比如我的一位小学员（初一），在一所新加坡国际学校的面试中，做自我介绍时就用了这个公式。

我叫×××，从小就对IT特别感兴趣，我的梦想是成为一名IT工程师。

2021年暑假，我和妈妈去郑州玩，结果那里下起了特大暴雨，整个城市都停电了。我当时就想，有没有什么方法可以解决自然灾害导致的意外停电呢？

回家后，我一直在想这个问题。我在图书馆找资料，上网查信息，还问了我的父母、老师，甚至专家。我开始设计"家庭多能互补清洁能源解决方案"，也就是通过楼顶的蓄水池和可逆式水轮机产生电能，在特殊时刻提供应急用电。这一研究在2022年获得了国际创新发明大赛ICW中国区二等奖的好成绩。

这一经历更加坚定了我成为IT工程师的决心，我希望有一天能够为人们的生活带来更多的便利和光明。

这样的自我介绍会让听众觉得："你真棒，如果你的梦想能实现就太棒了。"人们不在乎你在做什么，他们在乎你为了什么在做。

Sophie：很多人喜欢把目标和梦想藏在心里。不幸的是，隐藏目标的行为，其实是潜意识在告诉自己，你并不是真心想实现它们。你只有说出自己的梦想，别人才会了解你，并被你打动，然后才愿意帮助你。

另外，注意，自我介绍最好要跟演讲主题关联起来，这样才不会跑题。比如我的小学员演讲《奔跑吧少年》，他

的自我介绍里讲到自己是体育委员（初二），是学校跑步比赛的第一名，认识他会让你爱上跑步、坚持跑步，这就很好。假设这个演讲主题换作另一位同学讲，她自我介绍说自己是钢琴十级的小演奏家，那么听众就会困惑或者不理解，你这个特点与《奔跑吧少年》这个主题没有直接关联，你为什么或者凭什么讲这个呢？

（PPT设计）个人形象介绍，"我从来没有这么帅过"

个人形象介绍页，是PPT制作中100%会碰到的场景，是一个演讲开头的开头，让听众了解即将要演讲的人是谁。

如果没有这页，演讲者一上来就直接开讲，听众就会摸不着头脑：他是谁？为什么是他？所以个人形象介绍页就是让听众信任你、期待你——我的资历让我有资格站在这里讲这个主题。

要做好一张个人形象介绍的PPT，重点就在于"文字介绍+人物照片"。

文字介绍：参考上节内容，用项目符号提炼。

人物照片：最好是纯色背景或者删除背景（可以用PPT自带的删除背景功能或者借助AI抠图网站处理）的高清照片。放大照片作为整张PPT的背景。

+：利用装饰（形状），使人物照片与文字介绍关联起来！

扫下方二维码，即可观看PPT个人形象介绍页设计的教学视频。

Sophie： 一个好的个人形象介绍PPT和自我介绍演讲，不仅可以让别人更好地了解我们，也可以让我们更好地认识自己。

第三章

枝（逻辑）——除了"然后"，
你还能说什么

（三）提升逻辑力，三点式逻辑的三个升级玩法

黄金三问大法：是什么（What），为什么（Why），怎么办（How）

是什么（What）：用1~2句通俗易懂的语言简单概括你要讲的东西；或者从反面入手，告诉听众不是什么。

比如演讲《批判性思维让你更聪明》时，如果你想告诉听众"什么是批判性思维"，那么可以先从它的反面入手，告诉听众"批判性思维不是什么"：

"批判性思维不是抬杠，抬杠的人认为自己永远都是对的，有批判性思维的人知道自己不一定都对。抬杠是为了反对而反对，以此来证明自己的存在感。批判性思维是对思考的再思考，有批判性思维的人更乐于接受与自己不同的思考、得到与自己不同的答案。"

再比如我有位小学员在演讲《接纳不完美的自己》时谈道：

"接纳自己并不是一个不想改变的借口。不是你考试得了60分，借口说，这次是运气不好，真正的自己能得100

分；而是诚实地接受得60分的自己，并且思考如何行动下次才能得100分。"

Sophie：通过明确"不是什么"，我们能够更清楚地理解"是什么"。

为什么（Why）：只知道"是什么"，不知道"为什么"，听众就会不重视。

比如你只知道"吃蔬菜，身体好"（What），但是不知道为什么（Why）对身体好，你就没有动力去做这件事。当你知道长期不吃蔬菜的人容易得癌症（Why）之后，你就会乖乖地天天吃蔬菜。

Sophie：Why 涉及动机、意图、目的等。

怎么办（How）：就是如何做，用什么方法、步骤做成"What"。

比如，你知道了多吃蔬菜对身体好，但是怎么吃呢？吃哪些蔬菜？一次吃多少？这些都需要给出解答。

请注意，What–Why–How三者的顺序可以任意调换。

Sophie： 什么是"真的知道"？就是你必须同时知道What、Why、How，才能真正解决问题。

再比如前面提到的演讲《一日之计在于"前一天晚上"》，基于这个观点，我们的小学员又进一步把演讲的内容分成了三个部分加以说明。

1.（Why）为什么一日之计在于前一天晚上？

2.（What）什么是一日之计在于前一天晚上？

3.（How）怎么做到一日之计在于前一天晚上？

（演讲节选）

1.（Why）为什么一日之计在于前一天晚上？

有没有同学上学忘记戴红领巾、口罩和带水杯的？

有没有同学上课忘记带课本、练习册、作业的？

有没有同学上兴趣班忘记带琴谱、球拍、泳帽、泳镜的？

……这些事非常影响我们的学习效率，还会影响我们的心情（被老师批评），更会影响我们对自己的评价（责备自己）！

2.（What）什么是一日之计在于前一天晚上？

我们都说一日之计在于晨，这话没错，一天当中最重要的时间就在早上，而能不能抓住早上的时间，其根本在于前一天晚上。前一天晚上早睡、前一天晚上做好各项准备，第二天早上才能早起、从容出门，高效学习。

3.（How）怎么做到一日之计在于前一天晚上？

3个准备（校内 / 校外 / 衣物）+1个按时（定好早上起床闹铃）。

每天晚上，我都根据课程表、书包清单来准备校内、校外需要的东西；也会查一下天气预报，准备好第二天早上要穿的衣服。然后定好闹铃，就可以安心睡觉啦！做好了三个准备，我们第二天就不会因为忘记东西而烦恼。

最终，她的表达目的实现了，让听众认识到，一日之计在于前一天晚上！

再比如我们上小学四年级的一位学员演讲《毫不费力让你人生开挂的微习惯》的逻辑也是应用了"黄金三问大法"。

1.（What）什么是微习惯？

2.（Why）为什么微习惯可以毫不费力地让你人生开挂？

3.（How）如何养成微习惯？

（演讲节选）

1.（What）什么是微习惯？

顾名思义：微习惯就是微小的习惯。比如说，每天看一页书，每天背一个单词，每天跳1次绳等。

2.（Why）为什么微习惯可以毫不费力地让你的人生开挂？

大脑有两个核心角色，重复执行者和聪明管理者。比如刷牙，你需要排除万难、考虑再三才会去做吗？不会吧。这就是自动完成、无需思考的重复执行者，就是大脑中的基底神经节。我们要想办法请出重复执行者。而聪明管理者，也就是前额皮层，负责思考和决策，但是它很娇气，稍微有点压力就马上摆烂。大家都知道，一个行为只有不断重复才能形成习惯；大家都认为，习惯养成靠毅力。这说得没错，但是也不全对，因为毅力在习惯养成前很可能就被消耗没了——聪明管理者罢工不干了！

所以，我们要把压力值降到最低，那前额皮层就会屁颠屁颠地干活啦，基底神经节也会重复重复再重复地自动完成任务——微习惯就自然养成了！你不需要每天强迫自己完成，因为它小到不可能失败，而每一次的做到都是一种激励，让你一直持续行动，养成习惯！

3.（How）如何养成微习惯？

（演讲者创意了一首打油诗，超赞。）

习惯养成靠微力，

逐步升级不费力。

计划难度要适宜，

超额轻松有激励。

积少成多力量大，

希望您能够满意！

> **Sophie：**我们可以找 AI 帮忙写诗。AI 就像是魔法师，我们只要对这个"魔法师"念出咒语，也就是提示词，它就能帮我们实现想要做的任务。

　　有一个 AI 魔法师叫文心一言（一种 AI 工具），我就曾找它帮我写了一首微习惯的打油诗。

帮我写一首微习惯的打油诗。

微习惯，小动作，每天轻松不难懂。

一点点，慢慢来，生活因此变不同。

早起床，叠被子，一天精神好开始。

多喝水，少零食，身体健康自然来。

> 小读书，记几句，知识积累不用急。
>
> 微运动，走走路，活力满满不费力。
>
> 微习惯，易坚持，每天进步一点点。
>
> 简单事，常做好，生活美好自然现。

AI生成的打油诗提供了一个创意的起点，我们可以在此基础上进行个性化的修改和调整，最后的成稿如下。

微习惯，易坚持，每天进步一点点。

小读书，记几句，知识积累不用急。

小运动，走走路，活力满满不费力。

简单事，常做好，生活因此更美丽。

同字提炼法

这个方法就是在三个关键词（一般字数相同）中，有一个字在相同位置上是相同的，朗朗上口，便于记忆。

比如下面这段演讲。

我喜欢数学，因为它有趣、有用、有"钱"途！

（这里首位都是相同的一个字——"有"，很讨巧。）

首先，数学有趣。你们听过笛卡尔和克丽丝汀公主的故事吗？笛卡尔作为公主的数学老师，两人相爱了，但国王不同意。在临死前，笛卡尔给公主寄去了一封信，里面只有一个方程式：r=a（1-sin θ）。这个方程式的坐标图其实是一个心形图案，代表了笛卡尔对公主深深的爱意。是不是很浪漫？

$$r=a(1-\sin θ)$$

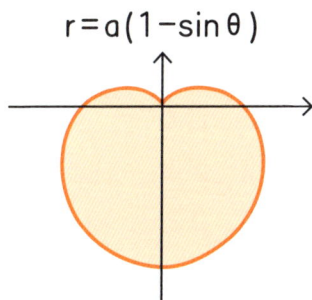

其次，数学有用。有一次我想买一个12英寸的比萨，结果卖完了。服务员说可以给我两个6英寸的比萨。我心想，这可以吗？后来我算了下，两个6英寸的比萨面积加起来比一个12英寸的比萨少了整整一半！亏大了！所以数学真的能帮我们避免被骗啊！

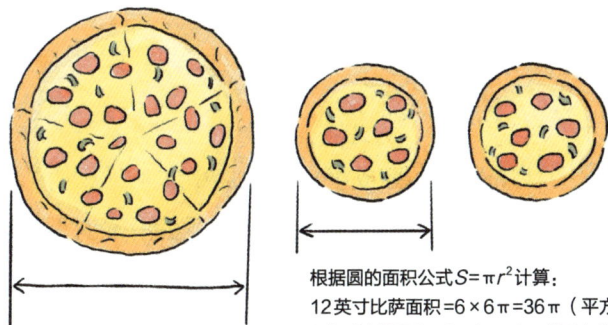

根据圆的面积公式$S=\pi r^2$计算：
12英寸比萨面积=6×6π=36π（平方英寸）
6英寸比萨面积=3×3π=9π（平方英寸）

最后，数学有"钱"途。理财和投资都需要用到数学。学好数学，你就有机会赚大钱！

所以，我喜欢数学。

同字提炼法参考示例如下。

三心：爱心、耐心、信心。

三度：厚度、高度、温度。

三乐：乐学、乐思、乐行。

三好：好思维、好表达、好合作。

三真：真心学习、真心待人、真心做事。

三有：心里有未来（理想）、眼里有世界（现实）、脚下有道路（途径）。

三高：高效率、高质量、高标准。

三勤：勤学习、勤思考、勤实践。

……

字词拆分法

这个方法就是把词拆成字，把字（中文）拆成偏旁部首，或者把单词（英文）拆成字母，每个拆出来的小元素代表我们要讲的一个要点。这些字词又巧妙又好记。

1. 拆词。

比如在做演讲《精彩校园生活的加减乘除法则》时，你就可以把"加减乘除"这个词拆成四个字。

加：我们要用"梦想"做加法。"个人梦"加上"中国梦"，在实现中华民族伟大复兴中实现人生价值。

减：我们要用"自律"做减法。减去玩游戏、刷视频等坏习惯。

乘：我们要用"合作"做乘法。与同学、老师合作，共同完成学习任务、参加各种比赛和活动，这样成绩和成功就会翻 N 倍。

除：我们要用"心态"做除法。除掉自卑等消极情绪。

这样一来，你就可以巧妙而有逻辑地开展演讲。记得结尾的时候，要把演讲主题和最初的词/字/单词完整地结合起来，进行升华。比如，"加减乘除不仅是一套数学运算方法，更是一种校园生活智慧"。

再比如学员发言，感谢退休老师，巧妙地用了拆词——"支付宝"。

支：支持，感谢老师支持学生成长、成功。

付：付出，感谢老师为学校发展的付出，推动学校信息化建设。

宝：宝藏，感谢老师为社会留下的宝藏——书籍、论文、公益教学等。

结尾：希望老师、同学们在刷支付宝付款的时候，都能想起我们这位老师。

还有学员在做演讲《高效学习：快速提升成绩不踩坑》时，用到了拆词——"马拉松"。

马：马上行动，不拖延。

拉：拥有持之以恒的拉力，不断拉动自己向前。

松：适当放松，保持良好的作息规律。

结尾：同学们，高效学习就像是一场马拉松比赛。我们需要有马上行动的速度，有持续拉动的毅力，也有适时放松的智慧。让我们一起努力，将"马拉松"精神融入我们的学习之中，快速提升成绩，不踩坑！谢谢大家！

2.拆字（中文）。

比如以"赢"为主题的演讲，就可以拆"赢"字。

"亡口月贝凡"，代表获得成功的五大必备要素。

（1）"亡"——危机意识；

（2）"口"——沟通能力；

（3）"月"——时间积累；

（4）"贝"——金钱资源；

（5）"凡"——平常心态。

再比如以倾听为主题的演讲，就可以拆"听"的繁体字"聽"。

"耳王十目一心"，也就是说要：

1. 用耳去"听"，多听；

2. 用眼去"听"，多看；

3. 用心去"听"，多记。

总之要发挥联想，自圆其说。

拆字除了用作搭建演讲的逻辑框架，还可以用作有力的素材来证明观点，因为汉字的构造蕴含着丰富的智慧和寓意。比如"比"字，就是两把匕首，意味着如果你非要跟别人比，那最后就是伤人伤己。与其攀比别人，不如做好自己。再比如"谊"是由"言"和"宜"组成的，这就告诉我们，朋友交往，好好说话才会有好关系，否则，一句伤人的话可能就让人心凉了。

3. 拆单词（英文）。

这个方法就是用几个英文单词、词组串联起你的演讲。

如果这几个单词的首字母提炼出来能组合成一个新的单词，那就更好了。

比如我们一位上小学四年级的学员演讲《小托福高分通关攻略》，初步构思的三点式逻辑为：

（1）学习计划；

（2）学习习惯；

（3）考前冲刺。

接下来，我们可以自己创意，也可以找AI帮我们创意拆单词的方法。

AI提示词模板

我是_____，要做一个主题为_____的演讲，分三个部分：

1. _____；

2. _____；

3. _____。

把这三个部分用三个英文单词或者英文词组表达，要求一一对应，这三个英文单词的首字母，分别是____、____、____，顺序不能变。

应用举例

👤 我是一名<u>小学生</u>，要做一个主题为<u>《小托福高分通关攻略》</u>的演讲，分三个部分——1.<u>制订计划</u>；2.<u>学习习惯</u>；3.<u>考前冲刺</u>。把这三个部分用三个英文单词或者英文词组表达，要求一一对应，这三个英文单词的首字母，分别是<u>T</u>、<u>O</u>、<u>P</u>，顺序不能变。

🔷 好的，以下是三个英文单词或词组，以及它们所对应的三个部分。

1. To-Do List（待办事项清单）——对应"制订计划"。

这个表达意味着需要制定一个明确、具体的计划，将待办事项一一列出。

2. Organized Study（有组织地学习）——对应“学习习惯”。这个表达强调了养成有条理、有组织的学习习惯的重要性。

3. Peak Preparation（巅峰准备）——对应“考前冲刺”。这个表达意味着在考试之前，需要做好充分的准备，达到最佳状态。

如果你觉得这个答案不够好，还可以继续问：“还有吗？”AI可以一直答到你满意为止。

🙋 还有吗？

🤖 当然，以下是另外三个英文单词或词组，以及它们所对应的三个部分。

1. Think Ahead（提前思考）——对应“制订计划”。这个表达的意思是，在学习或备考之前，需要提前思考并预测可能遇到的问题和挑战，以便更好地制订应对计划。

2. Order Routine（规律作息）——对应“学习习惯”。这个表达强调了保持规律作息的重要性，以便更好地管理时间和精力。

3. Top-Notch Test Preparation（顶尖的考试准备）——对应"考前冲刺"。这个表达意味着在考试之前，需要进行全面、系统的复习和准备，以达到顶尖的考试水平。

你可以结合这两个AI答案，加上自己的人工思考，得出自己的演讲逻辑。

1. Target，意思是定目标；

2. Organized，意思是管理时间和精力，养成学习习惯和提高学习效率；

3. Peak是顶峰的意思，考试前要冲刺一下，把学的东西再复习一遍，以便查漏补缺。

最后总结性地结尾。

英文TOP就是最好的意思，只要做到T-Target（定目标）、O-Organize（有条理地学习）、P-Peak（考前冲刺），你就一定能在小托福考试中拿到"TOP"的成绩！

黄金三问大法	同字提炼大法	字词拆分法
• What（是什么）？ • Why（为什么）？ • How（怎么办）？	3个关键词（等字数）中，在相同位置有一个字是相同的	• 拆词 • 拆字（中文） • 拆单词（英文）

（三）提升说服力，三大论证方法——演绎、归纳与类比

很多情况下，你的表达是为了说服别人，让别人认同你，相信你说的话。那么如何做到通过演讲说服别人，让别人相信你呢？演绎、归纳和类比是说服的三种主要手段。

1. 演绎是从一般到个别。

2. 归纳是从个别到一般。

3. 类比是从个别到个别。

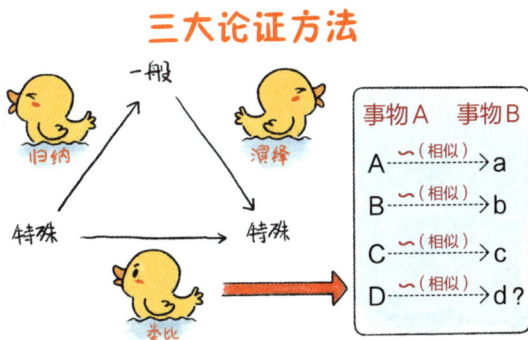

三大论证方法

演绎是从一般到个别

演绎，就是从一般规律推导出个别结论。比如下面这

个经典的例子。

一般规律：所有人都会死。

个别事实：苏格拉底是人。

个别结论（可预见的结果）：苏格拉底会死。

演讲的时候也是这样。比如你想竞选体育委员，你就可以按下面的逻辑来说。

一般规律：一般体育委员都需要有"三力"（同字提炼法）——体育能力（擅长某项运动）、沟通能力和组织能力。

个别事实：你自己拥有这3项能力，并举出3个例子证明。

个别结论：所以你是一个合格的人选。

这就是通过演绎来得出结论，这样表达，你就有很大的机会成功竞选为体育委员。

归纳是从个别到一般

归纳，就是通过一些具体的事情找出一个共同的规律。比如，你观察发现，太阳昨天从东方升起，太阳今天也是从东方升起，所以你判断，太阳明天依然会从东方升起。这就是归纳，从具体的事情归纳出一般规律。

演讲的时候也可以这样。

比如你想告诉大家阅读的好处，你就可以举出一些大人物小时候爱读书的例子，如曾国藩、莫言、比尔·盖茨、巴菲特等，然后总结说：

"看，这些大人物小时候都爱读书，那我们也应该像他们一样多读书，这样说不定我们也能成为大人物哦！"

这就是通过归纳来得出结论，大家就会重视阅读。

类比是从个别到个别

类比的基本原理就是：两个东西有相似的地方，我们就推断它们在其他方面也可能很像，其原理表述如下：

事物A具有属性a、b、c、d，

现在已知事物B具有属性a、b、c，

所以推断，事物B也具有属性d。

比如，我的演讲《反思不到位，经历都浪费》，就用了一系列的类比。

"就像错题本能帮你记住做错的题目一样，反思日记能帮你记住做错的事情。"

错题本和反思日记有相似之处，都是通过记录提醒自己不要再犯同样的错误，由此推断，我们要反思，就像我们要记录错题一样，让自己变得更好。

"如果你不主动反思，那你的一生就是在Ctrl+C、

Ctrl+V，复制、粘贴，这是一种没有意义的轮回。"

这句话用了一个很生动的比喻，把不主动反思的人，比喻成电脑上的"复制、粘贴"操作。他们的相似之处，都是只做重复性的动作。由此推断，我们不反思，就不会有进步。

类比有两个好处。

第一是把抽象的道理转换成形象化的画面。

比如，你想讲，"碎片化的知识没有用，系统化的知识才有用"。你讲得很有道理，但就是没人听。这时可以试试类比，你可以这样说，"碎片化的知识就像是砖头，系统化的知识就像是房子，一堆散乱的砖头，没啥用；只有把这些砖头搭建成房子——知识的大厦，才有用"。这样讲，听众就听进大了。

第二是用已经知道的东西去理解新的东西。

大多数老师都有过这样的体验：遇到知识或思维的难点，只要能找到一个恰当的类比，往往就能一下子让学生搞明白，就像突然开了窍一样！

比如讲电流，就可以用水流来类比。

水流是水的流动，电流是电荷的流动；

水从水位高的地方流向水位低的地方，电流从电位高的地方流向电位低的地方；

水位高低之差叫水位差或水压，电位高低之差叫电位差或电压。

这样，在认识水流的基础上去认识电流，同学们就比较容易理解了。

Sophie：类比就像在旧知识和新知识之间搭建了一个梯子，这样人们就能更快地从旧知识的地面爬到新知识的墙上。类比用得越多，你就会爬得越高，看得越远。

（关键时刻）竞选演讲，让老师、同学投你一票，从小拥有领袖气质

还记得本书前文介绍的演讲"大树法则"吗？

干（主题）

在做竞选演讲时，我们首先要确定干（主题），给竞选演讲找一个"中心思想"，即我为什么要竞选？

竞选班委不是谋个一官半职、作威作福，而是让大家选你出来，为班级和同学做好服务。融进班集体最好的方式，就是为班级和同学做一些事情，体现自己的价值。所以，你的演讲主题应该是"服务班级"，而不是"管理班级"，你的竞选演讲只有紧扣这个主题，才能打动听众。

Sophie： 不要说"管理大家""领导大家""带领大家""大家要配合我"……咱们要说"服务大家""和大家一起"……虽然意思差不多，但是给听众的感觉可差太远了。前者让人感觉太官僚，好像你跟大

> 家不是一路人；而后者让人感觉更亲近，
> 更像是一家人。

枝（逻辑）

你已经明确了竞选班委的主题（干）是"服务班级"，那么接下来需要用一条逻辑线指引你有序表达，证明选你能更好地为班级服务。你可以从竞选班委的4P逻辑（枝）来展开演讲。

1. Position——自我介绍

2. Proof——胜任证据

3. Plan——工作计划

4. Promise——承诺拉票

枝（逻辑）上的叶（故事）就是演讲材料，也就是说，你要从各种材料中，筛选出强有力的细节来说明你"服务班级"的观点。我们看看下面这位同学竞选班长的演讲稿，看看他的内容怎么样。

老师、同学们，大家好！

我是张三，今天竞选班长！

我上课专心听讲、作业认真完成、和同学团结友好。我的学习成绩在班里名列前茅，是语文课代表。我会画画，曾经获得全国少儿绘画金银奖。我还会吹萨克斯，去年暑假，考到了业余六级。

如果我有幸当选，我会团结同学、帮助老师，做好本班工作。

希望大家投我一票，谢谢！

自我介绍（Position）

自我介绍＝问好＋姓名＋竞选岗位＋为什么参加竞选

"老师、同学们，大家好！我是张三，今天竞选班长！"这个自我介绍少了为什么参加竞选，我们前面已经说得很清楚了，这里应该加上"服务班级"。

比如，"你们知道吗，这是我第三次来竞选班长了，前两次都输了。为什么我输了两次还要来？哈哈，因为我是个不会轻易放弃的人！在我的字典里，没有'屡战屡败'，只有'屡败屡战'！更重要的是，我超级喜欢我们的班级，想为咱们班多做点事。所以，虽然我输了两次，但是第三次我还是站在了这里！"

这个自我介绍真的很厉害，一下子就让听众产生了好感，轻轻松松就把自己之前的失败变成了优势。

胜任证据（Proof）

这里大家一定要注意避开以下几个"坑"。

避坑1：拉仇恨。

很多同学上来就一顿夸自己多么牛，得了多少奖。比起学习能力，竞选班委更重要的是亲和力，后者才会让你得到更多选票。否则，大家只会羡慕嫉妒恨你，但就是不选你。

避坑2：讲空话。

"我上课专心听讲、作业认真完成、和同学团结友好"。这种话，换个同学也能讲，你讲了就等于没讲。不少家长、同学在网上搜集各种竞选稿全盘套用，大家都这么讲，听众就审美疲劳了。竞选就是竞争，竞争的本质是差异化，只有和别人不一样，你才能脱颖而出。怎么才能和别人不一样呢？无论讲自己所具备的条件还是讲任职后的"构想"，都要尽最大可能讲出"人无我有""人有我优"的独特优势。

避坑3：不匹配。

比如，例子中的同学说："我的学习成绩在班里名列前茅，是语文课代表。我会画画，曾经获得全国少儿绘画金银奖。我还会吹萨克斯，去年暑假，考到了业余六级。"这些内容与要竞选的岗位关联性不大。

很多同学在竞选演讲的时候都会犯一个错误，就是"错位竞选"，即没有选对、讲对适合自己的职位。我们先要了解这个职位是干啥的，需要什么样的能力，再说自己和这个职位匹配的能力。

比如你想竞选学习委员，可以这样讲。

要成为一个好的学习委员，需要具备三个"商"：爱商、情商和智商（三点式逻辑升级玩法和同字提炼法）。

爱商，就是要关心每一个同学的学习情况。我会主动了解同学们的困难和问题，如果同学们来问我问题，我也会耐心解答。

情商，就是让大家都感到舒服。我从来不会说："哇，这题这么简单你们都不会？"我会说鼓励和赞美的话，让同学们感到被认可和重视。

智商，就是主课成绩要拿得出手。我的成绩在班上不说数一数二，至少也在前五名，这样，我才有实力给同学们讲题。

这样讲可以让同学们知道你是真正了解这个职位、适合这个职位的，而不是只凭一腔热血或者拍脑袋就来竞选了。

Sophie：能力再强，表达不出来，给别人的感觉就是——你没能力。

工作计划（Plan）

"如果我有幸当选，我会团结同学、帮助老师，做好本班工作。"

这又是讲空话，没有讲如何办实事，应该讲如果当选这个职位，你会怎么做，还可以创造性地做些什么。

我准备在任期内与全体班委为大家办好3件事，为同学们提供便利的学习环境（学习是头等大事）。

1. 云上学习：我们将创建一个云盘，让大家可以随时下载和查阅学习视频、在线课程和电子书籍等。

2. 小组学习：我们将鼓励大家按照兴趣或科目组成学习小组，一起研究、讨论和解决问题。

3. 大咖学习：我们将定期邀请校内外的专家或老师来给我们做学术讲座，帮助我们拓宽学术视野。（三个"学习"，又是同字提炼法。）

> **Sophie：** 懂得为同学们提供展示能力的机会和平台、发挥出班级中每个人的才能，这才是真正的好班委！

再比如竞选数学课代表，你可以这样说。

我计划为每个向我问问题的同学建立一个学习档案。通过学习档案，我可以了解每个同学在数学上的薄弱环节和需要重点加强的知识点，更加有针对性地为同学们解答问题。我还会定期回顾档案，了解同学们在哪些方面有所提高，哪些方面还需要进一步努力。这样，我相信我们班的数学成绩一定能够有所提高。

承诺拉票（Promise）

老师、同学们为什么会投票给你？归根结底，是因为他投给你，比投给你的竞争对手，对他们、对班级发展更有好处。所以，光说"请大家投我一票"还不够，不是投票给"我"，而是投票给"我们"，所以要承诺一个和大家相关的愿景，比如，"我们班级一定能跻身全市示范班级的行列"，再比如"（卫生委员）保证我们班地上没有一张废纸"。

竞选班委演讲一页纸提纲（4P）

①	**Position** **自我介绍** 我是谁？ 我要竞选什么职位？ 我为什么参加竞选？	问好＋个人信息＋竞选职位	
②	**Proof** **胜任证据** 我凭什么参加竞选？	你对竞选职位的理解： 知道这个职位需要什么样的人。	你和竞选职位的匹配度： 自己的经验、成绩等方面恰恰适合这个职位。
③	**Plan** **工作计划** 竞选成功后，我会怎么来做好这个工作？	具体、可操作。 行之有效的方法。	
④	**Promise** **承诺拉票** 为什么要投票给我？	不是投票给"我"，而是投票给"我们"。 承诺一个和大家相关的愿景。	

根（能量）

竞选班委最大的真相是：不是单凭几分钟的竞选演讲就能确定结果的。实际上，成功的竞选者往往是在平时就积极参与班级活动、乐于助人、与同学们建立了良好关系的人。所以，只要你把竞选班委演讲的"4P"准备好，再加上平时表现好，不被选上都难！

很多同学不愿意参加班委竞选，理由是"我肯定选不上"。一件事情到底是失败还是成功，往往不在于事情本身，而在于我们如何看待它。比如，你可以这样想。

1. 我只要勇敢地参与竞选，向老师、同学们展示自己的才能和潜力，就是成功。

2. 即使我没有当选，我只要从这次竞选经历中学到了如何准备演讲、表达自己的想法、处理失败等，就是成功。

3. 如果没选上班长，那我就竞选副班长，如果没选上副班长，那我就竞选小组长，如果小组长也没选上，那我就做一名优秀的学生，只要能为班级做贡献，就是成功。

Sophie： 爱迪生做了1500多次实验都没有找到适合做电灯灯丝的材料，有人说："你已经失败了1500多次了。"爱迪生却说："不，我没有失败，我成功发现了1500多种材料不适合做电灯灯丝。"

（关键时刻）面试演讲，获得招生官青睐，成功拿到名校录取通知

很多小升初、国际学校面试培训机构的"卖点"就是

号称收集到了历年来的面试真题，并且提供了答题模板让学生去背诵。这种"刷题面试"的做法，结果往往适得其反，会让学生显得特别僵硬刻意，给考官的印象分会很低。其实，入学申请面试，本质上就是回答下面这两个问题。

1. 你为什么报考这个学校?（why school?）

2. 学校为什么选择你?（why me?）

准备好这两个问题，你就能以不变应万变。

问题一: 你为什么报考这个学校?

很多同学都是想展示自己多么多么优秀。但是从招生官的角度，他们想找的是跟学校教育愿景相契合的孩子，未来能为学校做出贡献的申请人。所以，第一个问题的考点就是，你自己未来的学业/职业/人生规划是和学校的课程/师资/理念相符合的；这一点被明确之后，你可以再去讲你匹配学校需要的能力和优势，也就是回答第二个问题，学校为什么选择你。

所以我建议大家提前做功课，看看学校官网或者招生简章，对学校有足够的了解。比如有的学校愿景是为国家建设"一带一路"提供人才支撑，那么你可以说，你的梦想是掌握多门外语，将来能够在专业领域的国际交流中发挥作用，帮助中国企业出海。而学校非常重视学生的外语能力培养，能够帮助你实现这个梦想。所以，你选择这所学校。

现实中真的有孩子回答招生官说"是我妈要我选的"或者"你们学校排名很好"，结果可想而知。

这个问题不简单，给出一个能加分的答案更不简单。这是你对自己、对未来的全面审视和深思熟虑，你选择的，不是一所学校，而是一条人生路径。这一刻，你超越了问题，也超越了自己。

问题二：学校为什么选择你？

由此衍生出的问题有以下几个：

- 你是谁?
- 你有哪些兴趣爱好和特长?
- 你的日常生活习惯如何?
- 你的综合素质和能力怎么样?

第二个问题及其衍生问题都属于"自我评价"（观点），考点就是"举例说明"（事实）。不要面试官问一句答一句，比如问你兴趣爱好，你答"喜欢篮球"，然后就完了。当面试官询问你的兴趣爱好时，他们并不仅仅想知道你喜欢做什么，更重要的是想了解这个爱好如何影响了你，如何塑造了你的性格，以及你在这个领域中的投入和成就。我们曾有学员是这样回答的。

"我喜欢篮球。不过，以前打球我很怕输，有一阵子连输了十几场，输得我都想哭，甚至都不想再碰篮球了。爸爸跟我说，输不可怕，怕才可怕！他拿小本本记录了我打得好的球和失误的球，和我一起复盘比赛——有没有特别去防守对面的主力进攻手？防守得怎么样？如果防守不行，有没有尝试换个策略？……这么一来，我才发现，不是谁跑得快、谁跳得高，谁就能赢！而是谁的防守更有策略，谁的进攻变化更多，才能赢！后来，我输的越来越少，赢的越来越多。输是好事，输球才能长经验，只要你敢参加比赛，那就已经是'赢'了。打篮球让我学会了如何面对失败。"

这段面试回答很不错！他没有简单地回答"我喜欢篮球"，而是通过分享输球的经历，展示了自己在面对失败时的态度和成长。同时，面试者还谈到了篮球比赛中的策略，这让人觉得他不仅是个运动爱好者，还是个有头脑、会思考的人。

面试官一天要面试很多孩子，听到的答案也都差不多，都是一些重复的或者没有差别的形容词。这样的话，面试官很快就会忘记谁是谁。但是，如果你能够通过举例子来说明自己的特点，你就很可能被面试官记住。

如果遇到不懂或不明白的问题，不要不说，也不要硬着头皮一通乱说。最好的方法就是坦诚地说："老师，这个问题我目前还不太理解，但我一定会认真去查资料、花时间去深入学习，争取弄明白。"你态度真诚，反而会得到面试官的好感。所以，不要害怕承认自己的不足，只要你有学习的态度和行动，就会得到别人的认可和赞赏。

总结一下，回答这两个问题的要点如下。

（1）我了解学校。

（2）我了解我自己。

（3）我的梦想和学校的发展相符合。

（4）学校的资源能够帮助我实现梦想。

（5）我的能力和潜力证明我能实现梦想。

（6）实现梦想的我能为学校争光。

这就是最合适的样子。

（关键时刻）授课演讲，成为小老师，教会别人是最好的学习方法

记得我儿子——李梓赫同学备战深圳市南山区小学生"我的数学理解"展讲大赛时，就是当小老师上台给同学们讲数学课，时间5分钟。在做准备时，他问我："怎么讲？"我问他："你想讲什么？"他说他想讲乘法分配律（干–主题）。

乘法分配律
××××四（7）班 李梓赫

好，接下来我们用"4E"来组织思路（枝 – 逻辑）和材料（叶 – 故事）。

1. 导入（Enter）：为什么要学？

2. 讲解（Explain）：学的是什么？

3. 测试（Exam）：学完会不会？

4. 总结（End）：学得好不好？

1 Enter 导入：为什么要学？		**3** Exam 测试：学完会不会？	
2 Explain 讲解：学的是什么？		**4** End 总结：学得好不好？	

Sophie：发现没？我这里总结的竞选演讲 4P 和授课演讲 4E，用的都是同字提炼法，只不过提炼的是英文字母。

导入（Enter）：为什么要学

导入的目的就是让同学们对我们要讲的内容产生兴趣，让他们想要去了解和学习。

我问儿子："同学们为啥要学乘法分配律呢？"我儿子就把乘法分配律的定义搬出来跟我讲。概念是抽象的、枯燥的，同学不爱学，也学不会。所以，我决定用一个更简单、更直观的例子来帮助他们理解。

左边有3个大盘子，每个盘子装着3个苹果和4个橘子；

右边有6个小盘子，其中3个小盘子装着3个苹果，3个小盘子装着4个橘子；

同学们，你们觉得哪边的水果多？

A：左边多

B：右边多

C：一样多

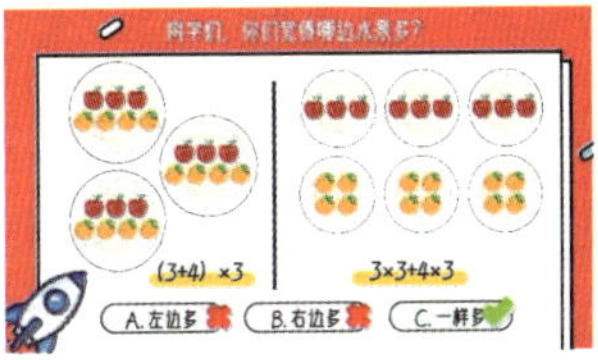

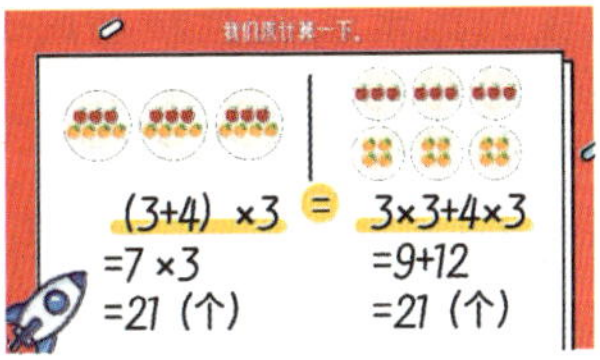

左边卧室和客厅连在一起，长4+6=10m，宽5m；

右边卧室独立，与客厅分开，卧室长4m，宽5m，客厅长6m，宽5m；

同学们，你们觉得两边的面积相等吗？

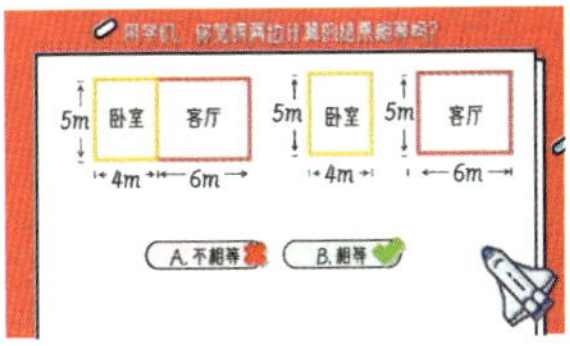

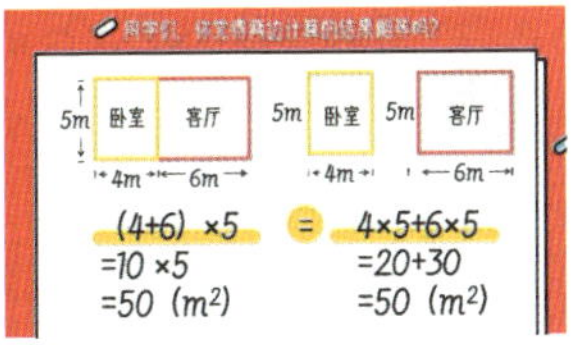

通过以上两个贴近生活的例子和互动，同学们很快发现：这两个算式虽然列法不同，但表示的意义相同，算出的结果相同。

讲解（Explain）：学的是什么

在导入新知识之后，同学们就会变得很兴奋，想要继续听下去。这是因为他们发现这些知识很有趣，而且也能够帮助他们解决一些问题。

我们把水果数量和房间面积的例子放到一起观察，发现它们的共同点就是都体现了乘法分配律，也就是，两个数的和与一个数相乘，可以先把它们分别与这个数相乘，再将积相加。用字母表示就是：$(a+b) \times c = a \times c + b \times c$。

测试（Exam）：学完会不会

在讲解完新知识后，学生们都会想要试试看自己是否真正学会了。这时，我们可以自然而然地给他们一些例题，让他们有机会验证自己的学习成果。

例题1：下面哪个式子用了乘法分配律？*（死记硬背、概念不清的话，肯定混淆。）*

A：$7×8=8×7$

B：$7×（8×9）=7×8×9$

C：$（7+8）×9=7×9+8×9$

例题2：

$21×11=231$

$45×11=485$

$61×11=671$

　　一个数乘11的速算方法，口诀"两头一拉，中间相加！"（口算3秒出结果，牛不牛！）在我们学习乘法分配律之前，我们其实已经在用它来列式计算了，只不过，那时候，我们还不认识它而已。

总结（End）：学得好不好

　　最后，总结课程重点内容。这样做的目的是帮助同学们巩固记忆，掌握所学。

　　同学们，咱为什么要学乘法分配律？因为用它计算又简单又快啊。

　　Sophie：优质课程=有效+有趣。李梓赫同学最后拿到了一等奖！

独乐乐不如众乐乐，送上李梓赫所有过往参赛获奖的数学展讲 PPT 文件（包括以下 5 个文件），登录下面的网址下载（在电脑端操作），拿去不谢！

- 一年级下《数位知多少？个位十位百位》
- 二年级上《认识角》
- 二年级下《4 个数学思维，加法变乘法》
- 四年级上《乘法分配律》
- 四年级下《三角形的三边关系》

下载地址：

box.ptpress.com.cn/y/63989

（过渡技术）讲好路标词、句，观众不再迷路

路标词、句就是演讲当中的过渡语。

演讲者就像是导游，观众就像是游客，为了让游客不迷路，导游就要不断报地名，这里是什么地方，接下来我们去什么地方。同样，演讲者也要不断告诉观众，自己讲

到哪里了。这样，观众就能跟上演讲者的思路和节奏，不迷失。

很多同学经常是"硬转"——翻一页，然后说道："这页 PPT 讲的是……"，翻到下一页，"这页 PPT 讲的是……"讲每页 PPT 都非要"强制重启"一下，没有连贯性，听起来像踩空了几级楼梯那么难受。

我更建议你采用以下两个"路标软转"的方法，让你的演讲一气呵成。

1. 先提出问题，再给出答案。

2. 先总结，再预告。

1. 先提出问题，再给出答案。

比如，"大家有没有想过，为什么有时候我们努力学习，但成绩却并不理想呢？是不是我们的学习方法不对呢？（先提出问题）接下来，我将分享一些有效的学习方法和技巧（再给出答案），帮助大家更高效地学习，取得更好的成绩！"

Sophie：你看，以下两种形式的效果就很不一样。

……。……。……。……。……。

……? ……! ……? ……! ……? ……!

很多人在演讲时，哪怕不翻页，讲一页PPT里的内容，常常也会犯以下这两个错误。

第一，认为观众什么也不知道。

演讲者像机器人一样，把PPT上的所有信息都念一遍。记住，观众看得比你念得快，如果他们早就知道你要说什么了，就会觉得无聊。

第二，认为观众什么都知道。

这类演讲者一般啥也不念，比如介绍学校图书馆的使用图表，光说"这是我们学校图书馆的使用情况"，就再没有其他说明了，观众听了会一头雾水，不知道该看啥，图书馆的使用到底是啥情况。

正确的做法是，预测观众知道什么，不知道什么，把观众不知道的内容和你想讲的重点内容，都打包成问题

（路标），比如，你可以这样说：

"大家猜猜看，去年借阅量最多的书是什么？答案将在最后揭晓！"

"大家有没有发现，借阅量最大的时间段通常是考试前的几周呢？"

"这个月图书馆的借阅量竟然增加了20%！想知道背后的原因吗？"

"你们发现没有，图书馆的借阅量和学生的年级有关系。"

"大家是不是有时候觉得图书馆的书更新速度太慢了？"

……

这样讲PPT的话，大家一定听得津津有味！

2. 先总结，后预告。

在即将换页时，你可以总结已经讨论过的内容，并预告接下来要谈论的内容。这样可以帮助观众更好地理解话题的转换，你可以使用以下的句式。

- "刚才说的是……，接下来……"
- "一方面……，另一方面……"
- "除了刚才讲的……，我们还……"
- "当我们了解了……之后，我们再看看……"

具体可以这样说。

"我们刚刚讨论了如何设置目标，那么接下来，让我们谈谈如何实现这些目标。"

"一方面，我们需要关注自我提升；另一方面，我们也必须学会与他人合作。"

"除了设定目标之外，我们还需要一个明确的计划来指导我们的行动。"

"了解了二战的历史背景之后，我们再看看它对当今世界格局和国际关系产生的深远影响。"

无论如何过渡，我们都只需记住一个要诀：找到上下文的关联点。比如我们正在谈论"世界是变化的"，如果想继续深入，我们就需要找到一个关联点，一个能够将"变化"这个概念与我们接下来要说的内容连接起来的点。我们可以这样过渡：

"虽然世界在不断变化，但是，大家有没有想过，这些变化背后是否有着某种规律呢？是什么力量在推动着这些变化呢？"

这样，我们就很自然地引入了下一个话题——"变化的规律"。

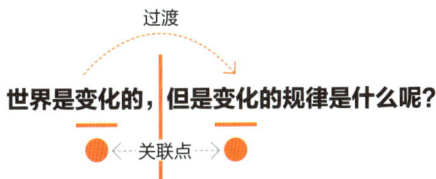

过渡

世界是变化的，但是变化的规律是什么呢？

关联点

（PPT设计）展示演讲结构和关键进程的目录页和过渡页

有了目录页，观众的脑子里就有了一个清晰的框架，大概知道你要讲些什么。每讲完一部分，你也要再次展示目录页（或过渡页），这样可以让观众更好地串联起你讲过的内容，跟上你的节奏。

扫下方二维码，即可观看目录页（或过渡页）PPT设计教学视频。

（关键时刻）主持演讲，轻松玩转班级、校园活动

每年央视春节联欢晚会，主持人在节目与节目之间的主

持词，就是一个过渡——回顾上一个节目和介绍下一个节目，将一个个节目串起来，使整场春晚紧密衔接，流畅自然。所以，写串词、练串词，这可是咱们主持人的重要任务哦！

关于主持词的内容，我有个好主意，就是以主题性串词来引导活动进程。

比如圣诞节，我们就可以用圣诞老人送礼物为主线，把整个活动串联起来。

今天是圣诞节，很开心大家都能来到现场，我啊，特意请来了几位圣诞老人，要给大家送上圣诞礼物。猜猜看，他们会送什么呢？

首先，让我们欢迎小明，他为我们带来了圣诞歌曲《Jingle Bells》……

（演唱结束）哇，感谢小明送给我们的第一份礼物——感恩！你们可能不知道，这首圣诞歌曲最初是为感恩节创作的。圣诞节不仅是狂欢、购物、吃大餐，更是让我们感恩，感恩幸福的生活、感恩身边的人。

接下来，为我们送上礼物的是……

……

哇，我们今天收到了三位圣诞老人送的三份大礼，分别是感恩、勇气和宽容，我们真是收获满满……

一个好的主题性串词能够让参与者更好地沉浸在活动

中，提升活动的整体效果。

再比如我们PPT演讲力教练团晨会，主题是《追梦成长》，主持人就以一场奇妙的太空探索之旅，串联起了整场活动。

（演讲节选）

各位宇航员们，欢迎大家来到这场别开生面的太空探索之旅！我是本次太空探索的领航员启源教练，我们的飞船已经稳稳地驶离了地球，正在向未知的宇宙深处进发。在这次旅程中，我们将一起追寻梦想、探索成长。

我们首先进入的是"太空舱"。在这里，我们将欣赏到获奖PPT作品，并聆听每位宇航员3分钟的演讲，讲的都是他们追梦路上的里程碑故事。让我们期待他们的精彩表现，也期待从他们的故事中汲取成长的力量。

（太空舱分享结束后）

感谢各位宇航员们的精彩分享！我们的旅程继续，下一站是"乘务舱"。在这里，我们有幸邀请到了吕会教练，他将为我们带来小灶分享——《锦囊21：PPT母版的奥秘》。掌握了这个秘密武器，我们的演示将如虎添翼。让我们用热烈的掌声欢迎吕会教练！

（乘务舱分享结束后）

再次感谢吕会教练的精彩分享！接下来，我们将进入"驾驶舱"，由Sophie老师为我们揭秘用行动打开梦想的秘密。

（驾驶舱分享结束后）

最后，我们来到了"后勤舱"。在这里，我们的会务团队将亮相，并为大家介绍下一期晨会的接棒计划。他们是这场旅程的坚强后盾，确保我们的每一次探索都能顺利进行。让我们用掌声感谢他们的辛勤付出，并期待下一期更加精彩的旅程！

通过这样的串词设计，整个活动不仅流程清晰，而且充满了趣味性，给参与者带来了一次难忘的体验。

第四章

叶（故事）——你是讲故事，还是讲道理

（具体）接地气的表达，如何让话语不再抽象和笼统

"鸡有6只翅膀"的谣言之所以有人相信，是因为这个说法非常具体（数字6），具体到让人们感到真实，甚至能够想象出这个画面——6只翅膀的鸡。如果我们把具体的"6只翅膀的鸡"换成抽象的"变种鸡"，可能效果就差很多，因为大家想象不出来"变种鸡"是啥样子的。

Sophie：很多公司都喜欢用动物来命名，就像开了一个动物园一样，比如蚂蚁金服、天猫商城、菜鸟物流……这也是因为这样的名字更具体，比抽象的形状、符号Logo好记、好传播。

所谓"具体"，就是用非常细节的语言来描述。具体化到什么程度才算好呢？标准就是能让听众轻松地想象出画面。我们的大脑喜欢具体化的事物，不喜欢抽象化的东西，因为抽象意味着要思考，而人不喜欢思考，因为太累。一旦你的表达开始抽象，听众就会开始走神。所以，我们在

演讲时，能不抽象就别抽象，能具体就要具体。

实现具体化的方法有以下几个。

1. 对白、独白。

2. 六觉：视觉、听觉、嗅觉、味觉、触觉、感觉（就是内心戏）。

3. 把形容词换成数字、例子、故事等。

对白、独白

无论是内在对话（独白），还是外在对话（对白），都能帮听众构建具体的画面，让听众直接感受到演讲者的情绪和态度。

比如我们一位11岁的学员在做演讲《第一次挣钱——卖冰棍》时，这样讲道：

（节选）"问了一个又一个，不是不需要，就是没带钱和手机，我沮丧极了，感觉很挫败，就给妈妈打电话：'妈妈，我一根冰棍都还没卖出去，太难了。'妈妈鼓励我说：'宝贝，还记得我们常说的那句话吗？坚持到底，永不放弃，加油！'我给自己鼓了鼓劲，这时，看到有一对年轻的情侣在旁边散步，我赶紧跑到他们面前，说：'叔叔阿姨你们好，要不要来一根冰棍解解渴呀？'他们相视一笑，回答：'好呀，小朋友。'就这样，我成功地卖出了第一根冰棍！开心极了！"

听到这里，听众的脑海里都有了成功的喜悦的画面，也会受到鼓舞，相信自己也可以面对生活中的挑战。

六觉：视觉、听觉、嗅觉、味觉、触觉、感觉（就是内心戏）

这个方法就是描述感官感受，让演讲生动起来。比如你讲考试很紧张，可以像下面这样讲。

（视觉）考试很紧张，试卷白得吓人，每道题都在狠狠瞪着我。

（听觉）考试很紧张，我总是能听到各种噪声，老师的脚步声、同学翻卷子的声音、自己的心跳声……根本没法静下心来做题。

（触觉）考试很紧张，我手里的笔简直比砖头还重、比泥鳅还滑！

（嗅觉）考试很紧张，空气中有一股"你死我活"的火药味。

（味觉）考试很紧张，口干，干得比方便面还干。

（感觉）告诉自己，别想太多，专心考试，但就是控制不住，总在东想西想。

　　总之，你要达到的效果就是让听众看到、听到、摸到、闻到、尝到你的故事，要让他们身临其境。

把形容词换成数字、例子、故事等

　　有时候，把事情说得更具体，别人就更可能相信你。比如，你说钨丝灯比碳丝灯亮，别人可能会怀疑你说的是不是真的。但是，如果你明确地说钨丝灯比碳丝灯亮3.3倍（数字），大家就会觉得你肯定做了很多实验和比较，才会得出这样的结论。

> Sophie：事实 VS.观点，还记得吗？观点就是形容词，事实就是数字、例子、故事等。

　　再比如，当你说"你真漂亮""你真聪明""你真棒"时，这些赞美就很笼统，我们很难想象有多漂亮、多聪明、多棒。所以你要再具体些，哪里漂亮、哪里聪明、哪里棒，举例说明。比如，"你真棒！以前你做数学题总是粗心大意，但现在完全不一样了。你开始认真阅读题目，还用笔标记出关键信息，真是进步了一大截！而且，你还会仔细检查答案，确保没有错误。你是怎么做到的，能跟我分享一下吗？"这样的赞美才真诚。

Sophie：当演讲者说到"举个例子""比如""例如"这些词时，听众的注意力会立刻被吸引过去。因为他们知道你要用一种更形象、直观的方式来说明你的意图了。

再比如，我们一位10岁小学员的演讲《如果热爱被否定，你还会坚持下去吗》，讲他热爱机甲，如果仅仅说"我热爱机甲"，很难让听众感受到这种热情，所以，他用具体的例子和故事来展示这种热爱："老师让我们画上下学的交通工具，我就画变形金刚送我上下学。老师让我们改编小红帽的故事，我就改成小红帽开着装甲车、开着武装直升机去外婆家，外婆也变身机甲外婆，完全不用害怕大灰狼，还给画了出来。"（这是真爱啊。）

To Show, Not to tell!（展示，而不说教）听高手说话，画面一个接一个，让人感觉像在看一部精彩的电影。而听"低手"说话，就像在看理论文章，让人觉得无聊又难懂。

（共鸣）话不投机半句多！如何制造共鸣，让听众一步步认同你

人类非常喜欢找共鸣。比如聊天时对方说"哇，真的吗？我也是！"这句话，就是表示他跟你有共鸣了，跟你想到一块儿去了，感觉与你特别亲近，也特别认同你。简单来说，共鸣就是大家找到了共同点。

父母："我们一把屎一把尿地把你拉扯大，我们说什么你都不听，我们难道还能害你不成？你将来到了社会上可怎么办？"

孩子："你们天天这个不让我做、那个也不让我做，天天干涉我，一点自主权都不给，将来我到了社会上可怎么办？"

你看，同样都是在为将来考虑，但沟通上却出现了巨大分歧。为啥？就是因为双方没有共同的出发点。

如果孩子这么说："爸爸妈妈，我明白你们对我的期望和关心，希望我能够稳稳当当地走好每一步（共同点）。我真的很感激你们为我做的一切。同时，我也想和你们分享我的一些想法。你们愿意听吗？"

这样父母才会和孩子有共鸣："我家孩子真的长大了！"从而更加放心地支持孩子的决定和选择。

如果父母这么说："孩子，我们明白你需要独立和自主，我们只是希望你能走得更稳、更踏实（共同点）。你有什么想法可以和我们分享吗？我们支持你，如果遇到困难，我们也会帮助你的。"

这样孩子才会和父母有共鸣："你们真的是世界上最好的父母！"孩子虽然有自己的想法，但也不会忘记父母的建议。

如果你不能让对方感同身受，那对方也就很难对你讲的话心动或者行动。那怎么找到共同点呢？具体可以从以下三个方面来着手。

1.共同的身份。

2.共同的经历、感受。

3.共同的价值观。

共同的身份

有了共同的身份，感觉就更亲近了。

Sophie：就像老乡见老乡两眼泪汪汪，感情一下子就拉近了！

几乎每届奥斯卡颁奖典礼上的获奖感言里都会出现一个词——"妈妈"。"妈妈，我拿到奥斯卡了！"或者是"献给我的母亲，以及世界上所有的母亲"。这招被我称为"提妈妈大法"。因为，"妈妈的孩子"是所有人的共同身份，提及这个身份，就好像是说："我这个获奖者和你们这些没获奖的观众其实也没什么区别。"瞬间消除了你我之间的距离和陌生感。

共同的经历、感受

演讲者和听众会因为都经历过同样的事情，而产生共鸣。我们都遇到过挫折：补作业、考试失败、与好友闹矛盾……我们都有过第一次：第一次在全班同学面前演讲、第一次当班长、第一次去某地旅行……

当演讲者分享他们的故事时，我们仿佛看到了自己的影子，听到了自己的心声。通俗点说，就是演讲者把听众"带进去了"。

比如我在做演讲《倒逼自己是最好的成长姿势，没有之一》时，是这样说的。

在我上小学的很长一段时间里，我不敢举手回答问题。并不是我不知道答案，也不是我不想回答，就是因为害怕自己表现不好。我有这样的想法，其实说明我还是很有"表现欲"的，很想展示自己，只是怕出错、怕丢脸。

直到在一次语文课上，对同学们的回答，老师都摇头，他们在分段和中心思想的总结上和《字词句段篇章》（其实就是答案参考书）一模一样，而我却有不同的想法，我就一直看着老师、看着老师，也不举手，就希望老师能看到我、看到我，点我的名字。奇迹并没有发生，老师没有看到我，她也很失望，因为没有一个学生能想出正确答案，而这个正确答案和我心里上上下下翻腾了七八遍的答案一模一样。我后悔啊，真的，人往往不是后悔做过什么，而是后悔没做过什么。

　　但自此，我很感谢当时的我，做出了一个非常重要的选择——以后一定要"举手"，我的学习从此开挂，和别的学生不一样，我成了老师眼中的王牌。每到疑难问题，眼看没人能答上来时，老师就会想到我，而我也从此"沉溺"于学习，无法自拔，哈哈。这可能是我可追溯的最早的"倒逼自己"，因为倒逼我自己"举手"，我强迫自己大量地输入学习，然后转为输出"回答"。

　　我相信，当时在座的每一位听众，都有过类似的经历——那种想要表现自己，但又害怕出错、怕丢脸的心理。而我通过这个故事，让他们感受到了那种从害怕到勇敢、从失败到成功的转变。

共同的价值观

　　价值观就是我们对人、事、物的看法。简单说，你的价值观就是你觉得什么好，什么重要，什么值得你去追求和努力。价值观共鸣是最高级的共鸣，能够让听众觉得，原来我们是一路人。

比如我们一位六年级的小学员演讲《传承中国红》，是这样讲的。

（演讲节选）

在古代，中国红是诗人们对国家的一片赤诚。"愿将腰下剑，直为斩楼兰"，李白将对国家的赤诚化为腰间悬挂的佩剑，剑锋一指，直取楼兰；"驾长车，踏破贺兰山缺"，岳飞将对国家的赤诚化为将军手中的红缨枪，征战沙场，收复失地。

在近代，中国红是革命者们对政治理想的远大抱负，是为信仰而敢于面对威胁的大义凛然。李大钊被捕后面对各种酷刑，从容赴死，在临刑前慷慨陈词："不能因为反动派今天绞死了我，就绞死了伟大的共产主义，共产主义在中国必然得到光辉的胜利。"

是的，从南湖红船、井冈山火炬到遵义会址，从翻雪山过草地到延安窑洞的灯光，从西柏坡到天安门城楼升起第一面五星红旗；在艰苦卓绝的革命过程中，多少革命先烈抛头颅、洒热血。直到毛主席在天安门城楼上庄严宣告"中华人民共和国中央人民政府今天成立了！"中国人民才真正站起来了，我们才真正看到了红星照耀中国的中国红。这是烈士用鲜血染红的土地，这是五星红旗映红的土地，这是中国人民红心向党的土地。

那么，在当代，中国红又是什么样的呢？在我看来，当代的中国红是听党指挥、敢打胜仗、纪律严明的三军将士；是竞赛场上让五星红旗升起的体育健儿；是血脉与祖国同在的每一个中华儿女。

……

加入少先队那天在队旗下宣誓："准备着，为共产主义事业而奋斗。"我们是红色的接班人，定当好好学习，天天向上。让心中的热血，心中的中国红，随华夏大地的长江、黄河永不停息地奔流下去！

我爱中国红，我是中国龙！

（号召结尾——号召听众共同参与到祖国的建设中来。）

演讲者讲中国红，把古代、近代、当代都串起来了，就像一条红线贯穿了中国历史，主题鲜明而且逻辑清晰！这段演讲之所以能够引起听众的共鸣，是因为它传达了一种共同的价值观，对祖国的热爱。

Sophie：人们不愿意被说服，但很愿意被打动。

（幽默）"笑"果：成为更受欢迎的人

有统计，一场TED演讲，观众平均每分钟会笑1.3次，观众在放松、快乐的状态下更容易接受演讲者的观点，这样也更容易吸引观众的注意力。而太过严肃的内容，往往会触发观众的防御机制，让他们产生心理防线。

观众为什么会笑？主要是意外感和优越感。

意外感（万万没想到）

意外，就是情理之中、意料之外。当大家以为结局是A时，结局却是B，这样的反转令观众想象不到，他们就会笑。

比如——

老师："请问，你的梦想是什么？"

学生："成为亿万富翁，跟我爸一样。"

老师："你爸真厉害！"

学生："嗯，我爸的梦想也是成为亿万富翁。"

Sophie：就像脑筋急转弯，越让观众猜不到结局就越好笑。

再比如——

- 别年纪轻轻就觉得自己进入了人生低谷，你还有很大的下降空间。
- 凡是钱能解决的问题，我都解决不了。
- 每次有人夸我，我都头疼，因为他们夸得不够。

优越感（自嘲或吐槽）

自嘲是把自己放低，让观众产生优越感，继而放松、放心地大笑。喜剧演员卓别林在舞台上会故意做出一些看起来很傻的事情，比如不小心摔一跤，让观众觉得他很笨，自己比他聪明，这种优越感就会让观众忍不住发笑。

比如——

- 我这种人之所以减不了肥，是因为开心的时候喜欢吃东西，难过的时候食欲更好。
- 小时候，我总想："长大后，是上清华好，还是上北大好呢？"长大后，我发现，我真的想太多了。
- 我做决定的过程是：反复纠结、草率决定、迅速后悔！

Sophie：法国哲学家罗西法古说过："如果你要得到仇人，就表现得比你的朋友优越；如果你要得到朋友，就让你的朋友表现得比你优越。"

我们的一位小学员演讲《从磨蹭大王到学霸传奇》时，就调侃自己可以听声音辨时间。

"宝贝儿，该起了"，表示时间还早，可以继续睡；

"冠博，该起了啊！"表示时间还早，可以继续睡；

"王冠博，该起了，再不起就迟到了！"表示可以进入起床倒计时了；

"王冠博！我就问你，还去不去上学！不去就别去了！"这种声音表示时间到了……

（演讲最后，用金句结尾："每天早晨叫起我的不是闹钟，而是梦想。"）

吐槽是调侃别人或者别的事情，让自己和别人都有优越感。比如我们一位小学员演讲时说，作为跑步团长的他，"连哄带骗"——想方设法哄着跑友不要放弃跑步，千方百计"骗"着大家长期坚持跑步。再比如学员演讲《ChatGPT为什么这么火》时说，"因为它的出现让我们'麻瓜'捡到了一根魔杖"。

再比如——

- "爸妈给我画饼的5个阶段。"

  阶段1：爸妈画饼，我被忽悠了；

  阶段2：爸妈画饼，我没被忽悠；

  阶段3：爸妈画饼，我假装被忽悠；

  阶段4：爸妈发现画饼忽悠不了我，但还是画饼，我还是假装被忽悠；

  阶段5：爸妈忽悠我，我也忽悠爸妈。

- 我学习使我妈快乐，我妈快乐，全家快乐。

- 我才不要鹤立鸡群，我要离开那群鸡。

Sophie：还可以借用幽默图片、视频，创造意外感、优越感，让人发笑。

幽默是把生活中失败的、痛苦的、糟糕的经历，用另一种方式表达出来，从另一个角度给人启迪。幽默归根到底还是要为主题服务的，如果仅仅是为了让人发笑而让人发笑，那其实不是幽默，而是搞笑。

Sophie：你要讲的东西，要么是有用的，要么是有趣的，否则就不要去讲。

（创新）整点听众想不到的东西，牢牢抓住他们的注意力

研究发现，就算是5个月大的婴儿，如果老是看到同一个东西，也会失去兴趣，把头扭到一边去，直到看到一个新鲜玩意儿，他们才能重新被吸引，好奇地盯着看。听众也一样，他们喜欢新奇的东西，听多了老掉牙的言论就会觉得厌烦。

"喜新厌旧"是人类与生俱来的本能。所以，在演讲中，你要整点听众想不到的"新"东西。"求新"的方法，

有以下几类。

（1）观点上求新；

（2）逻辑上求新；

（3）材料上求新；

（4）行为上求新。

观点上求新

反着想，提出新见解。

通常我们都是从正面去想问题的，如果试着从反方向看问题，有时候则会发现一些大家都想不到的观点。比如，有位学员在演讲《孩子磨蹭不是病，催促的家长才要命》时讲道：

"你们看过《疯狂动物城》吗？里面有个树懒叫'闪电'，他动作超级慢，就像我们，而家长就是那个急得发疯的兔子警官。家长们总说我们孩子做事慢吞吞的，那是因为我们真的快不了，很多事情对我们来说都挺难的。

……

"所以啊，家长们，当我们做事情磨蹭的时候，你们不要着急，不要生气。因为我们是孩子，我们正在学习、正在成长。需要时间，慢慢来。你们能耐心地等待我们长大吗？"

提出观点时，演讲者反其道而行之，没有从常规的角度去看待孩子磨蹭这个问题，而是将其视为孩子在学习和成长过程中的一种正常现象。

故事，新颖且引人入胜，选取《疯狂动物城》中的树懒"闪电"来讲述孩子磨蹭是正常的。

类似的还有，如《退一步未必海阔天空》《青春期没有叛逆就没有成长》等。这些标题打破了思维定式，不落俗套，给人耳目一新的感觉。

总之，要想从尽人皆知的"公理""常理""大道理"中突围出来，必须有一个让人眼睛一亮的全新观点。

Sophie：要想赢，说不同。

逻辑上求新

要做到这一点，请参考我在前文讲的三点式逻辑和升级玩法。

比如，我们一位五年级的小学员在演讲《语文阅读如何考高分》时，讲了概括题、赏析题、删换题三种题型的答题策略。

他总结出，赏析题的题干通常是"＿＿段，或者划线句，用了什么样的描写方法，请赏析批注"。

他还将赏析题的答题策略总结为四个字——"法'式'情人"。

法：运用了什么修辞/描写/表达方法。

"式"："事"的同音字，写了什么事情/事物。

情：表达了作者什么样的情感和意图。

人：刻画的人物形象及性格特点。

他还给听众举了以下的例子（2023年杭州市西湖区小学五年级期中考试试卷）。

法：划线句运用了排比的修辞手法。

"式"：讲述了作者几年如一日观察鹭鸶的生活方式。

情：表达了作者对鹭鸶的喜爱与赞美之情。

人：表现了鹭鸶和人的和谐共处。

这篇演讲对语文阅读考试中的题目类型进行了分类，并针对每种题型提出了相应的答题策略。这种结构使得演讲内容条理清晰，听众可以快速理解并掌握每种题型的答题方法。

答题策略的创新——法"式"情人，还记得吗？这不就是三点式逻辑升级玩法——字词提炼法嘛！

材料上求新

我们要找那些新鲜、特别的论据，让听众眼前一亮！

比如我们11岁的学员在演讲《如何拯救懒、不爱学习的自己》时，其观点让听众脑洞大开。

（节选）人为什么会懒呢？因为懒是刻在人的基因里的，远古时，人类很难获得足够多的食物，始终处于饥饿状态，为了节省能量，人类需要减少各种不必要的活动，所以懒。虽然现在我们都吃饱了甚至撑着了，但刻在基因里的本能仍然时时刻刻影响着我们，比如站着不如坐着，坐着不如躺着。

那人是不是就没有办法对付懒了呢？当然不是！解铃还须系铃人，我们要调动基因里的原始驱动力，那就是情绪。我们平时要多想一想：不学习，不进步，有什么坏处呢？学习好，成长多，有什么好处呢？想象未来的可能，成功的画面，懒惰自然就少了。

（从人类基因和情绪的角度出发，让人重新审视懒惰的本质和价值，也让听众对演讲者的思考深度表示赞赏。）

那懒惰是不是一无是处呢？也不是！人类为了省力气，发明了各种工具，懒得走路就发明了汽车，懒得写信就发明了电话，懒得打扫就发明了扫地机器人……懒是人类创造的第一驱动力。聪明的人总是懂得，既不鄙视自己的懒惰，也不让懒惰支配自己。例如，上课前只要花5分钟预习，课堂学习就更轻松；课后再花5分钟复习，就能避免花大量时间进行二次学习。

（懒惰推动了人类的发明和进步，这个观点非常新颖，它挑战了人们对懒惰的负面看法。）

所以，如果你要讲一个大家都听过一百遍的故事，那还有什么意思呢？

Sophie：人们为什么喜欢听鬼故事？因为稀奇、少见甚至根本没见过，对这样的东西，人们都会有很强的好奇心。

行为上求新

演讲并不只是说话，你可以通过道具展示、互动游戏和肢体语言等，让你的演讲成为一场难忘的体验。

（道具展示）听众们一看到道具，眼睛就亮了，好奇心也跟着上来了：你到底要用道具干点啥呀？比如我曾经给小学生们做《人生就像植物大战僵尸》的演讲，这时就可以拿着植物大战僵尸的相关毛绒玩具当道具，然后讲：

"我最近玩植物大战僵尸游戏，玩着玩着，突然发现这游戏怎么这么像咱的人生。游戏中最让人高兴的莫过于——过关。每一个关卡，其实相当于人生的一个困难，奇怪的是，在游戏中，我们很期待下一个关卡，可是我们在现实生活中却不欢迎下一个困难。于是，我想，如果咱的生活正如所有人都祝福的那样，万事如意，那会怎样？会无聊。是的，我们希望的，并不是一个没有挑战的世界，而是，为了某个目标，把自己的水平发挥到淋漓尽致。"

（互动游戏）游戏可以调节气氛，增加演讲的趣味性。比如你在做英语小老师的演讲时，可以说：

"我们就来玩一个游戏，叫配音大挑战，给英语电影或动画片配音！谁模仿得最像、最有感情，谁就是今天的配音之王！"

（肢体语言）一般演讲都是站在前面说给大家听，但是如果你直接走到听众中间，就像开演唱会一样站在中间讲，那么这种行为或肢体语言就打破了常规，会一下子把大家的注意力都吸引过来！

总之，只有创造之花才有永开不败的美丽，要想使你的"演讲之花"永开不败、绽放异彩，就要用创新的养料来浇灌它。

Sophie：演讲是关于注意力的艺术。一旦你成功吸引了听众的兴趣，那么接下来听众就会跟着你的思路走；否则，台下就会有一大片睡觉或玩手机的人。

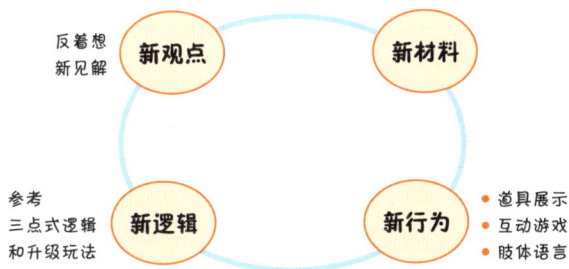

反着想
新见解　　**新观点**　　　　　**新材料**

参考
三点式逻辑　**新逻辑**　　　　**新行为**　● 道具展示
和升级玩法　　　　　　　　　　　● 互动游戏
　　　　　　　　　　　　　　　　　● 肢体语言

（悬念）猜得到开头，猜不到结尾的故事

　　在动画片中，一听到柯南那句"犯人就在我们中间"，观众就会开始抓耳挠腮，好奇心被撩得很强，想马上知道答案。这就是悬念的魅力所在！

故事＝然后呢（冲突／悬念）＋为什么呢（道理／意义）

然后呢：冲突的走向、结局就是悬念，让人不禁会追问"然后呢？"

为什么武侠小说主角都是"掉悬崖，然后练就绝世神功"？不是主角们喜欢掉崖，而是情节需要。掉悬崖就是悬念，读者会好奇主角到底是死是活？这里的逻辑要点如下。

1. 掉坑里：主角失足摔下悬崖……

现实中——某一件事，打破了你平常的生活／学习，让你不得不面对一系列烦恼／挑战／困境，你很痛苦。

2. 修炼中：在一个山洞里苏醒，无意发现一个世外高人或者武功秘籍，潜心修炼……

现实中——你是努力拼搏型、独立思考型、借助外力型的人。

- 努力拼搏型：花时间、花精力解决问题。
- 独立思考型：用和别人不太一样的方法解决问题。
- 借助外力型：借助外部资源解决问题。

3. 爬出来：重出江湖，震惊武林……

现实中——成为人生赢家。

"掉悬崖"故事

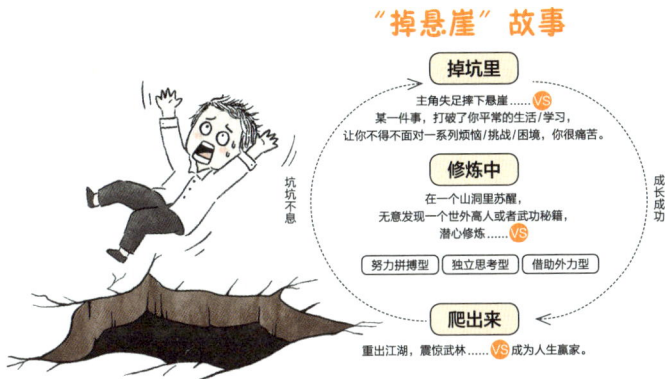

掉坑里
主角失足摔下悬崖……VS
某一件事，打破了你平常的生活/学习，
让你不得不面对一系列烦恼/挑战/困境，你很痛苦。

修炼中
在一个山洞里苏醒，
无意发现一个世外高人或者武功秘籍，
潜心修炼……VS
努力拼搏型 独立思考型 借助外力型

爬出来
重出江湖，震惊武林……VS成为人生赢家。

坑坑不息
成长成功

为什么呢：故事是用来解决问题的，要打通关，得有个大 Boss 等在最后，那就是意义。所以，这个故事还需要传递一些普适的、深刻的道理，让人不禁追问"为什么呢""这个故事让我知道了……"

比如我们一位上小学四年级的学员所做的演讲《这个暑假不一样，高效学习痛快玩》，是这么说的。

（演讲节选）

我有个小问题问大朋友们：

整个假期，小朋友们什么时间最忙？

别怀疑，一定是开学的前一天——

补！作！业！

（设计问题开场＋幽默转折，接着讲"掉悬崖"的故事。）

（掉坑里：播放视频，盘点开学前补作业的各种场景——观众爆笑）我之前过的暑假，就是这样，惨不忍睹、呼天抢地、欲哭无泪、悲痛欲绝……（省略1万字）。

（修炼中）我想要有所改变，向妈妈发出了求救信号。在妈妈的支持下，我找到了方法——计划→执行→反思→调整，它是一个闭环。

（借助外力型：借助外部资源——妈妈，解决问题。）

1. 计划：7月1日，我和妈妈花了一整天的时间，从学习、技能、习惯、品格四个方面设定目标，做好了整个暑假计划。

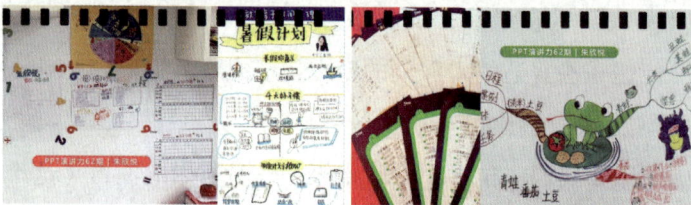

2. 执行：用番茄、青蛙、土豆等工具，一一落实到执行上。

3. 反思：我会每天都打卡、写日记、记番茄记录表。用这些来检视我的学习效果和习惯养成。

4. 调整：我们用的是家庭会议日的方法，即反馈→讨论→投票表决→调整方案。咋样？很不错吧！

（爬出来）到7月30日的时候，我发现我的暑假作业竟然全部完成了！8月3日参加社会实践，带队老师问了现场所有的小朋友一个问题："大家有做完暑假作业的吗？"我非常嘚瑟地高高举起了手。这时我才发现自己是唯一一个举手的小朋友——自信心爆棚！

时间以同样的方式流经每个人，而每个人以不同的方式度过时间。我想，在暑假这个相同的时间容器里，这次装的暑假故事很不一样了吧？你们也有相同的想法和改变的愿望吗？最后，一个金句送给大家：

所有的奇迹都发生在行动之后。

谢谢！

（金句结尾）

想象一下，如果你有一个"掉悬崖"故事，那简直就是"神器"啊！你随时随地都能讲，想讲多少次都行。

（PPT设计）告别Word搬家，又快又好地搞定一整套PPT

Word搬家，也是PPT入门级别的学生最常用的方法。比如你想做一套自然科学的PPT，给大家介绍一些有趣的知识。但是，如果你直接把Word演讲稿里的内容简单粗暴地复制到PPT上，满满当当，满以为全部都写上大家就都知道了，那么这样做的结果其实是大家都不知道，可能观众根本就不想看，或者根本就看不见。

你可能会想，直接用模板不就好了？但问题是，模板可能并不完全符合你的思路。怎么破？扫下面的二维码观看教学视频，10步就能让你的PPT成为最炫酷的展示！

第五章

果（传播力与影响力）——
你想让听众记住什么

（思想）学会三个公式，你就是行走的金句制造机

为什么我们要学会"写金句"？原因是为了让人记住，利于传播。只要你学会以下三个金句公式，你也可以写出自己的"名言"。

公式1：AB、AC型

公式2：AB、BA型

公式3：A是B或A不是B

AB、AC型

去征服，所有不服

Ⓐ Ⓑ Ⓐ Ⓒ

AB、BA型

我们一路奋战

不是为了改变世界，而是不被世界改变

Ⓐ Ⓑ　　　　Ⓑ Ⓐ

A是B或A不是B

对未来的真正慷慨，是把一切都献给现在

AB、AC型

前后两个短句有一个共同的关键词 A，前后两个分句的意思存在某种关系，可以是相反，也可以是递进，升级认知。

- 输不是结局，认输才是。
- 知识不是金钱，知识差才是。值钱的知识，是你知道而别人不知道的部分。
- 人生近看是悲剧，远看是喜剧。
- 困难的路越走越容易，容易的路越走越难。
- 不在乎天长地久，只在乎曾经拥有。
- 小孩才分对错，大人会看利弊。

AB、BA型

第一个短句的开头和结尾，与第二个短句的开头和结尾互换。

- 人类必须终结战争，否则战争就会终结人类。
- 没有任何道路可以通向真诚，真诚本身就是道路。
- 有的人活着，他已经死了；有的人死了，他还活着。
- 不要等到天亮才去跑，跑下去天自己就会亮。

A是B或者A不是B

这种结构是人类认识事物最基本的判断形式。但是普通的"A是B"或者"A不是B"不算金句，思想还得颠覆，语气还得绝对，比如包含"最""一切"等字词。

- 面对生活，最好的态度是微笑。
- 预测未来的最好方式，就是去创造它。
- 让自己变得更好，是解决一切问题的关键。
- 凡所发生，皆有利于我。（皆＝一切）
- 欲成大树，莫与草争。（莫＝不是、不要）

金句不是硬凑出来的，如果实在想不出好的金句，那就引用金句。这就需要我们平时多积累，遇到金句就赶紧记下来，建立一个金句库。这样，等到需要的时候，就可以从库里拿出合适的金句来用。手有余粮，心中不慌。

（金句）100个金句，让你的演讲闪闪发光

困难、拼搏类

1. 我可以接受失败，但我不能接受放弃。

2. 成功路上并不拥挤，因为坚持的人不多。

3. 真正失败的人，就是那种特别害怕不能成功，怕死了，连试都不敢试的人。

4. 每一个不曾起舞的日子，都是对生命的辜负。

5. 做难事必有所得。

6. 流水不争先，争的是滔滔不绝。

7. 不是强大的人去追逐梦想，而是有时候梦想会让人变得强大。

8. 青年一代有理想、有本领、有担当，国家就有前途，民族就有希望。

9. 勤奋可以弥补聪明的不足，但聪明无法弥补懒惰的缺陷。

10. "做完"和"做好"的区别，就是人生的差别。

11. 今天没做到，不是明天不做的理由。

12. 想，全是问题；做，才有答案。

13. 要想得到某件东西，最可靠的办法是让自己配得上它。

14. 再远的路，走着走着就近了；再高的山，爬着爬着就低了。

15. 日日行，不怕千万里；常常做，不怕千万事。

16. 每一个优秀的人，都有一段沉默的时光，那一段时光是付出了很多努力，忍受孤独和寂寞，不抱怨不诉苦，日后说起时，连自己都能被感动的日子。

17. $1.01^{365} = 37.78$，每天进步一点点，一年以后，你将进步很大，远远大于"1"；$0.99^{365} = 0.003$，每天退步一点点，一年以后，就远远小于"1"，将会"1"事无成。

18. 人类所创造的所有奇迹都是梦想成真的结果。比如飞机的发明，如果人类没有这种强烈的愿望，像鸟儿一样飞翔在蓝天上，是不可能发明飞机的。

19. 追光的人，终会光芒万丈。

20. 人生最好的贵人，就是努力向上的自己。

21. 达尔文进化论认为，每次大变革，存活下来的物种，不是那些最强壮的种群，也不是那些智力最高的，而是对变化能做出最积极反应的物种。

22. 一只站在树上的鸟儿，从来不会害怕树枝断裂，因为它相信的不是树枝，而是自己的翅膀。

23. 逆境，是上帝帮你淘汰竞争者的地方。要知道，你不好受，别人也不好受，你坚持不下去了，别人也一样，千万不要告诉别人你坚持不住了，那只能让别人获得坚持的信心。让竞争者看着你微笑的面孔，失去信心，退出比赛。胜利，终将属于那些有耐心、有信心的人。

24. 没有风暴的海洋是池塘。

25. 保持热爱，奔赴山海。

26. 抱怨身处黑暗，不如提灯前行。

27. 运气很重要，但不努力我们无法获得运气。

28. 不高估一年的成长，不低估三五年的改变。

29. 人生永远没有太晚的开始。

30. 眼里有光，心中有爱，目之所至，皆是星辰大海。

31. 纵有千古，横有八荒；前途似海，来日方长。

情绪、人际类

32. 勇敢的人先享受世界。

33. 英雄就是普通人拥有一颗伟大的心。

34. 如何走出人生的阴霾？——多走几步。

35. 有时候，我们并非走出了伤痛，不过是学会了带着伤痛继续生活。

36. 世界上只有一种真正的英雄主义，那就是在认清生活的真相后，依然热爱生活。

37. 活着不是目的，好好活着才是。

38. 一个真正快乐的人，是那种在走弯路时也不忘享受风景的人。

39. 从来不是生活有意思，是你热爱生活，所以有意思。

40. 相信你行，比你现在真的行更重要。

41. 如果事与愿违，请相信一定另有安排。

42. 每一段遇见，都应该是谢谢的关系。

43. 那些看起来不合群的人，只是很早就知道自己想要什么。

44. 只要生气，就是你输。

45. 如果你讨厌的人骂你，那一定是你做对了什么。

46. 有人尖刻地嘲讽你，若你马上尖酸地回敬他；有人毫无理由地看不起你，若你马上轻蔑地鄙视他；有人在你面前大肆炫耀，若你马上加倍证明你更厉害；有人对你冷漠，若你马上对他冷淡疏远，看，你讨厌的那些人，轻易就把你变成了你自己最讨厌的那种样子，这才是"敌人"对你最大的伤害。

47. 大家都愿意盲从，好像世界上最安全的事儿，就是让自己消失在"大多数"中。

48. 人类不是被事情本身所困扰，而是被他们对事情的看法所困扰。

49. 有时候，不是对方不在乎你，而是你把对方看得太重。

50. 人生最大的荒唐，就是在烂人、烂事上纠缠，这些人和事能耗光你所有的正能量。遇到烂人，及时抽身；遇到烂事，及时止损。

51. 当厌恶身边的人时，你表达厌恶最好的方式不是和他们争吵，而是自己勤快点，加把劲离开他们。那样，他们就会永远从你的生活中消失，和死了差不多。

52. 如果你对成功的定义是超越别人，那么你注定会失败，因为世上总有比你强的人；如果你对成功的定义是超越自己，那么真的只要努力就会成功。

53. 一个乞丐不会去嫉妒比尔·盖茨，可他却会嫉妒过得比他好的另一个乞丐。

54. 人们相信别人都是单纯的坏人，而自己是复杂的好人。

55. 我们都是对他人的优点免疫、缺点敏感。

56. 如果你认识从前的我，你就会原谅现在的我。

57. 人们日常所犯的最大错误，是对陌生人太客气，而对亲密的人太苛刻。

58. 如果你真心对人好，那么你会很舒服；如果是讨好，那么你真的会很累。

59. 如果哪天你突然意识到，你的爸爸妈妈开始对你小心翼翼的时候，不要以为那是出于一份恐惧，那是出于一份爱。

60. 两个人吵架，先说对不起的人并不是认输了，并不是原谅了，他只是比对方更珍惜这份感情。

61. 一路走来没有敌人，全是老师。

62. 自己淋过雨，所以想为别人撑起伞。

63. 遇到知己，其实是遇到另一个自己。

64. 你积你的德，他造他的孽，老天有眼，自会分辨。

65. 比起你做了什么，更重要的是你影响他人做了什么。

66. 来说是非者，必是是非人。

67. 我很健康，我很快乐，我很富足，我相信相信的力量。

思考思维类

68. 爱就是成就一个人。

69. 嫉妒就是对自己不满。

70. 任性就是一个人习惯用"展示负面情绪"的方式解决问题。

71. 涵养，就是当你被冒犯时，却还能站在对方角度、理解他的动机。

72. 很多人不是在拜佛，是在拜自己的欲望。

73. 说服，是帮助别人做出了一个对他自己最有利的决定。

74. 旧账重提是因为它从未被妥善解决。

75. 人的一切痛苦，本质上都是对自己无能的愤怒。

76. 人最大的动力，除了兴趣，就是耻辱。

77. 成就你的往往是"敌人"。

78. 人之所以言之凿凿，是因为知道的太少。

79. 说真话的好处是：你不必记得你曾经说过什么。

80. 所谓没时间，就是不重视。

81. 人教人，教不会，事教人，一次就会，吃亏和吃饭一样，吃多了自然会成长。

82. 人在失意的时候不要失态。

83. 每个人的内心都有阴暗面，有阴暗面不可耻，能把阴暗面控制住、压下去才是人性的闪光点。

84. 钱是带不走的，一个人的财富只要能满足他的生活方式所需，就是富有的。

85. 最高尚的一种慈善行为，是一个人为了帮助穷苦的人，而给他们学习的机会，并帮助他们找到工作。一句话，就是使他们无需再得到别人的帮助。

86. 没有反思的人生不值得过。

87. 优秀是一种习惯。

88. 在阳光灿烂的日子修屋顶。

89. 一个人只要越了解Why，就越会去学习How，也就知道在什么时间（When），去做什么（What）了。这样也就决定了一个人的角色（Who）。

90. 要由"努力改变自己"变成"努力发挥自己的长处"。

91. 要把"这件事为什么要发生在我身上"的想法，换成"这件事发生在我身上是想教会我什么"。

92. 物必先腐，而后虫生（比喻自己先有弱点而后为外物所侵害）。

93. 将军赶路，不追小兔。

94. 走老路，到不了新地方。

95. 别想着抄近路。大家都那么聪明，如果有近路可以走，早就人山人海走不动了。

96. 生活不是为了赶路，而是为了感受路上的经历。

97. 汽车代替了马匹，但仍离不开司机。Excel代替了算盘，但仍离不开会计。燃气代替了柴火，但仍离不开厨师。真正抢掉你工作的从来都不是更先进的工具，而是会用新工具的人。

98. 180多年前，当法拉第刚发现电磁感应时，很多人都质疑他，说："这有什么用？"法拉第并没有去解释，而只是回应他们："一个婴儿有什么用？"

99.野心不能让你成就的那些愿望，热爱可以。

100.有高水平的集体，才有高水平的个人。

（结尾技术）你该怎样结束，把整场演讲推向高潮

不管怎么结尾，都是为了强调和提升主题。

Sophie：写作文时，老师经常强调首尾呼应，演讲也一样。

如果演讲可以浓缩成几句话，那这几句一定要放在结尾部分。因为结尾是演讲者表明意图的地方，可以告诉大

家他为什么站到这个舞台、要传达什么、想让观众明白什么。想在观众的尖叫声和欢呼声中完美离场，结尾就得精彩。演讲的结尾方式主要有以下三种。

（1）总结结尾

（2）金句结尾

（3）号召结尾

总结结尾

对演讲中的重点进行总结，唤醒观众对整个演讲的记忆，继而让他们觉得："哇，看了这个演讲，我获得了很多东西，非常值得、非常精彩！"

这个方法经常与三点式逻辑配合使用，比如演讲《学生必须学会吃这三种苦》的总结结尾如下。

同学们，通过今天的演讲，我们了解了学生必须学会吃的三种苦：读书之苦、劳动之苦和缺钱之苦。学生如果能主动地多吃这三种苦，"自讨苦吃"，那么就可以现在苦一阵子，将来甜一辈子！

金句结尾

用与整个演讲主题高度契合的金句结尾，这甚至可以成为整场演讲的"点睛之笔"！比如演讲《成为别人的光》是这样结尾的。

成为别人的光，并不意味着我们需要做出惊天动地的壮举。很多时候，一个简单的微笑，一句真诚的问候，一次默默的陪伴，就足以点亮他人的心灯。当你选择成为他人的光时，你也照亮了自己。（金句）

号召结尾

这个方法就是在演讲的结尾，给出一个明确的号召，告诉观众你希望他们接下来做什么。这也是一场演讲的根本目的所在。

比如你讲了一个关于环境保护的话题，结尾的时候，你可以让大家都站起来，让他们看一看脚下是否有垃圾，如果有，请大家捡起垃圾。

再比如，我们一位小学员（四年级）在演讲《我和论语的故事》的结尾时说：

"在《论语》里，孔子和他的弟子们说了好多话，每一句话都很有用，都让我成了一个更好的人。著名的思想家、教育家钱穆曾说，中国的读书人有两大责任：一是自己读《论语》，一是劝人读《论语》。所以，同学们，快来和我一起学《论语》吧！"

号召结尾的两个升级玩法

3When法：

……的时候，我们要……；

……的时候，我们要……；

……的时候，我们要……。

列出3个具体情景下的行动来落实我们的主题，形成排比，这样结尾更有气势。

比如，如果我们想告诉同学们要"珍惜友谊"，可以这样结尾：

在朋友需要帮助的时候，我们要毫不犹豫地伸出援手；

在朋友感到难过的时候，我们要给予温暖的安慰；

在朋友取得成就的时候，我们要发自内心地为他们高兴。

只有这样，我们的友谊才会更加坚固，更加美好。

3Who法：

如果你是……，你可以……；

如果你是……，你可以……；

如果你是……，你可以……。

列出3个不同身份角色的行动，形成排比，激发观众的积极意愿。

比如，我们想告诉观众"生命在于运动"，可以这样结尾：

如果你是老师，你可以利用午休时间进行简短的办公室健身；

如果你是学生，你可以每天坚持走路或骑自行车上学；

如果你是家长，你可以在周末组织全家一起去公园散步。

生命在于运动，咱们一起动起来！

> **Sophie**：排比句听着像海浪一样汹涌澎湃，让听众情绪高涨。

演讲完，你要给观众一个明确的信号，告诉他们演讲结束了。要不然他们可能会有点蒙，不确定是不是该鼓掌了。所以，演讲完之后，你可以稍微弯弯腰，鞠个躬，然后说声"谢谢"，这样就非常清楚了——好了，现在大家可以放心鼓掌了！

> Sophie：一定要准时结束。上台后，很多演讲者就会不自觉地把时间拖长。千万不能这样。相信我，准时结束演讲，观众会感谢你。

（PPT设计）金句页设计，只有一句话的艺术

金句真的很厉害，在演讲中不同的地方都可以用到。

● 标题

让观众一眼就能看出演讲的主题和价值。比如，要做一个关于坚持梦想的演讲，你可以使用金句《有梦想谁都了不起》作为标题。

- 开场白

你可以用一句富有哲理或引人深思的金句来开启演讲，比如"人生没有彩排，每一天都是现场直播"，让观众从一开始就被你的观点所吸引，对接下来的演讲内容充满期待。

- 结尾

结尾使用与演讲主题相呼应的金句，可以起到画龙点睛的作用。比如，在结束一个关于如何应对逆境的演讲时，你可以说："在机会来临之前唯一能做的，是忍耐和努力。"

- 故事

好故事和金句是绝配。比如，在讲述一个关于勇气的故事时，你可以插入金句："勇敢不是不害怕，而是即使害怕，也要勇往直前。"

- 论证

引用具有权威性和影响力的名人名言（金句）来支持你的观点。比如，在论证"团队合作的重要性"时，你可以引用《孙子兵法》中的名句："上下同欲者胜。"

扫下面的二维码，可以观看PPT金句页设计教学视频。

（PPT 设计）结尾页还在写"谢谢"？换个方式，惊艳全场

很多人做的 PPT 的结尾页要么是"Thank You"，要么是"谢谢观看"，都是简单带过，千篇一律。但很多同学可能会问："在 PPT 的结尾不说谢谢，那我该写点啥？"

请扫下面的二维码观看关于 PPT 结尾页设计的教学视频。

Sophie：很多人甚至会在演讲结尾写"感谢聆听"。注意，"聆听"这个词一般是用来表示下级对上级讲话的认真听取，比如"我们聆听老师的教诲"或"我们聆听长辈的故事"。"感谢聆听"相当于是"感谢大家恭恭敬敬地听我的高论"，这样说太不谦虚了，不合适。

第六章

根（能量）——
怎样才能不紧张

（输入）肚里没货? 三招打造素材库，让你随时随地有话说

很多同学在演讲时无话可说，其实是因为他们的经历和见识太少了。毕竟每个人的生活圈子都有限，不可能啥都经历过、见识过。所以，咱们平时要多储备些知识、见闻，这样就有话可说了。

Sophie：就像一个厨师，没有好的食材，是没法变着花样做出各种美食的。

要想打造素材库，我们首先要解决以下三个问题。

（1）找什么素材?

（2）去哪里找素材?

（3）素材怎么用?

找什么素材

我在下面总结了6大类、54个演讲关键词，掌握了这

些关键词，你就可以在多种演讲场合下游刃有余。

立志类	品行类	人际类	习惯类	性格类	思辨类
☐梦想	☐责任	☐父母	☐阅读	☐自立	☐生与死
☐使命	☐诚信	☐老师	☐运动	☐自信	☐对与错
☐目标	☐感恩	☐朋友	☐学习	☐自律	☐胜与败
☐行动	☐宽容	☐团队	☐爱好	☐自省	☐取与舍
☐坚持	☐节俭	☐榜样	☐公益	☐专注	☐福与祸
☐努力	☐谦虚	☐国家	☐分享	☐效率	☐贫与富
☐困难	☐友善	☐环境	☐情绪	☐积极	☐美与丑
☐机会	☐沟通	☐科技	☐健康	☐乐观	☐快与慢
☐创新	☐合作	☐文化	☐成长	☐勇敢	☐智与愚

去哪里找素材

我们在平时看书、听课、看文章，以及看《青年中国说》《拙见》《超级演说家》《开讲啦》等视频节目时，如果遇到了比较好的标题、观点、例子、金句等，都可以放进自己的素材库里。

> **Sophie：** 如果在演讲前才临时网上搜索，那么多半会搜了半天也找不到自己想要的，在演讲时，内容还容易跟别人"撞车"。

素材怎么用

我们可以在电脑里或者云端（比如印象笔记）建一个"演讲素材库"文件夹，在"演讲素材库"文件夹下再按上面的6大类和54个演讲关键词建立子文件夹。平时发现有好的素材，就按照不同类别进行归类整理。

日积月累，我们就会拥有一个丰富的演讲素材库。当我们需要演讲分享、与人交谈的时候，观点、素材都储备好了，就可以信手拈来。很多时候，小白和演讲高手之间，差的就是一个强大的素材库。

（准备）"备稿不背稿"如何脱稿演讲还不忘词

脱稿演讲，就是不带稿子、不照稿念的演讲。千万别念PPT。

当然，"脱稿"并不等于"无稿"，而是"备稿不背稿"。

备稿

有些同学跟我抱怨说，老师，我上台前都想过要讲什么了，可一上台就全乱了，忘得一干二净。我跟他们说，你们那只是"想过"，并没有真正"想好""写好"，所以当然会乱、会忘。

这时候，我会建议他们写逐字稿，就是把演讲时打算说的每句话都一字不落地写下来，包括那些语气词、玩笑话、过渡句等。这听起来有点笨，但实际上，这招特别有效，能让那些PPT演讲水平一般的人，现场表现提高不少。

　　我们一位年仅8岁的小学员在做演讲《6岁获得戈壁徒步冠军的法宝是？》之前，写了快3000字的逐字稿（一般小学生写300字作文都困难）！最终在PPT演讲大赛中获得了第一名！

不背稿

　　很多演讲者之所以不能脱稿，是因为他们试图把逐字稿背下来。但这样做痕迹太重了，演讲者会把太多精力用在回忆上，导致自己演讲起来很生硬。而且，一旦忘记其中一句，就会卡在台上，接不上下一句，因为稿子已经把你限定在固定的框框里了。所以这种方法其实是错误的。

　　那怎么办呢？

　　脱稿演讲不是要你一字不落地背下来，而是要你记住演讲的核心内容和结构，也就是提纲。简单来说，就是要知道自己演讲大概分成几个部分，每个部分大概要讲些什么。（这样你就能知道接下来要往哪个方向讲，不会突然忘词儿了。）再用你自己的话把演讲内容讲出来，和原文不一样或者漏掉一两句话，这都没关系。谁会知道你讲的与原文不同呢？

没有准备的演讲也是一种准备，那就是准备去输。更多的准备意味着更少的恐慌和更多的自信，就像运动员、飞行员在类似实战、压力的环境下通过高度仿真训练来提高胜率一样。准备到你不用看PPT，都知道下一张是什么、该讲什么，这时就差不多了。

（互动）如何搞气氛和带节奏

演讲者在舞台上，而听众在舞台下。演讲者可以一直说个不停，而听众只能听着。这就让演讲者天然比听众要"高"一些。所以，演讲者亲近听众的举动、互动，能让听众觉得被尊重和关注，更愿意听演讲者说话。

一场成功、优秀的演讲，是由演讲者和听众一起呈现的。那么，如何互动？

（1）提到在场的人；

（2）化句号为问号；

（3）听众配合动作。

提到在场的人

这个互动方式的基本方法就是点名！名字就是最短的"咒语"，谁都希望在别人的演讲中听到自己的名字被提到。你可以直接叫名字，表达感谢或者讲讲你对他们印象最深的一件事、一句话，把听众变成你演讲的一部分。

化句号为问号

如果我们想让听众的注意力一直在线，最好的办法就是：不停地抛出问题，然后稍微停顿一下，再给出答案。演讲高手一开场，就会来一句"想问大家一个问题……你们会怎么办？"这样一下子就把大家都给吸引住了，都在想答案，或者想知道答案。而且在演讲的过程中，还会不停地抛出问题，像"这事儿为啥会发生呢？"这样，大家就会一直跟着他们的思路走。结束的时候，他们还会留个问题给大家思考，比如"要是换作你，你会怎么做呢？"整场演讲，一直让听众保持高度的关注。

或者更简单的办法就是在一句话的后面加上"好不好""是不是""对不对"，听众在回答的同时就产生了很好的互动。

听众配合动作

通过带领或号召大家做一些简单的动作，演讲者可以调动听众的情绪，增加他们的参与感，并营造出积极、热烈的现场气氛。常用的听众配合动作有以下几个。

第一，举手

"现在，我要考考大家。请听题：太阳系中有多少颗行星？A. 8颗 B. 9颗 C. 10颗 D. 11颗。知道的请举手选择你的答案。"

"现在我们来玩一个情景模拟游戏。假设你们是学校的新校长，你们会如何改善学校的午餐？有想法的同学请举手，并告诉我你们的想法。"

"接下来，我要给大家展示一个有趣的实验。在实验开始之前，请大家举手猜猜看，这个实验的结果会是什么样子的？"

"我们来进行一个小投票。请大家举手，如果你觉得我们应该在学校增加一门编程课程，请举手；如果你觉得应该增加体育课程，请举手……"

第二，鼓掌

"太棒了！让我们一起为他的正确回答鼓掌！"

"刚才这位同学分享了他的学习经验，我觉得非常实用。如果你们也觉得有用，就用掌声表示一下吧！"

"看到这位同学勇敢地站在这里，我觉得非常了不起。让我们用掌声为他的勇气点赞！"

"我看到每一位同学都在认真学习、努力进步。你们的努力值得被看见、被肯定。让我们用掌声为大家的努力喝彩！"

"大家想知道这个秘诀吗？那就来点掌声！"

"谢谢大家的掌声，接下来我要分享的内容，绝对值得你们再次鼓掌！"

"我知道你们都很期待接下来的内容，那么，用你们的掌声告诉我，你们准备好了吗？"

"如果你们觉得我的演讲还不错，请鼓掌告诉我。每一次的掌声，都是对我演讲的肯定和鼓励，让我有更大的信心分享下去。"

"让我们用排山倒海的掌声，迎接今天的特别嘉宾！"

第三，发声

"太棒了！让我们为这个精彩的时刻一起欢呼。请大家举起双手，跟我一起喊出'耶'！"

"同学们，请将右手举起，轻轻拍拍右边的伙伴，大声告诉他们：'你很棒，你很厉害'。"

"请大家跟我一起大声朗读这段文字。"

我们的学员在演讲《拒绝粗心：差不多 = 差很多》时，是这样说的。

很多人认为，粗心是天生的、由性格决定的，无关紧要。实际上，粗心是一种习惯，是能力问题，可以通过后天训练来解决。来，重要的话，大家跟着我读三遍：

粗心是错误！

粗心是错误！

粗心是错误！

重复可以加深听众的印象，也可以形成互动。

Sophie：能有效传达信息的人，会先制造传递信息的气氛。

讲东西的时候，你要多观察大家的反应。如果大家都低头玩手机，那就说明他们对你现在讲的东西没啥兴趣。这时候你就得快点讲，或者干脆跳过这个部分。如果大家都不住地点头，眼睛都亮晶晶地看着你，那就说明你讲的东西他们很受用。这时候你就得好好发挥，多补充一些相关的内容，让大家更过瘾！

（肢体）你"怎么说"比你"说什么"还要重要

你怎么说，比你说什么还要重要。

"你好讨厌啊"这句话，如果你是用生气、急促的语气来说，对方会觉得你是讨厌他们。如果你用撒娇、轻松的语气来说，那么相反，对方会觉得你是喜爱他们。同一句话，就是因为用了不同的方式说出来，从而带给别人的感觉完全不同。奇妙吧？这就是声音和语气语调的作用。

还有，一万句"我爱你"，都抵不上一个深情的拥抱。这就是肢体语言的力量，身体比嘴巴更能传递信息。

在很大程度上，演讲是对稿子上的文字（占7%）进行第二次创作。而创作的关键因素，就是你的声音（占38%）和你的肢体语言（占55%），这些决定了你的风格、气场。

演讲=7%（内容）+38%（声音）+55%（肢体语言）

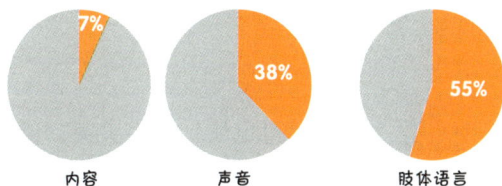

内容　　　　声音　　　　肢体语言

38%的声音

对于演讲初学者而言，最容易犯的错误是：声音偏小、语速偏快、语气平淡、"嗯""啊"太多。所以我们要做的是：

（1）提升音量；

（2）放慢语速；

（3）变化语调；

（4）减少"嗯""啊"。

提升音量

如果你说话声音小，别人可能会觉得你没有底气。而声音大的人，通常会让人觉得他们很自信、有力量。所以，如果你想让别人觉得你很牛，首先你得让别人听清你说的是什么。

放慢语速

紧张时，你一定会说得更快！突突突突，像机枪一样，给人一种你很着急的感觉。压住速度！压住速度！压住速度！如果你一直不停地快速讲话，听众跟不上节奏，他们很快就会放弃对你的注意。

变化语调

变化语调的方式包括以下几种。

第一，加重音和利益引导句。把重音加在最核心、最想突出的词语上边，让别人一听就能快速抓住你想表达的要点；同时，加利益引导句，让听众重视你讲话的内容，比如以下这几个例子。

- 我要告诉你们一个绝对惊人的事实……
- 有一个重要的信息，我想分享给在座的每一位……
- 有一点，我觉得大家一定要牢记在心……
- 接下来的内容，我从没有在公开场合讲过……

● 我要告诉你们一个经验，这是我亲身经历的，非常有价值……

● 我们班里有一个小秘密，你们想知道是什么吗?

● 有一个事实，可能改变你们对某事的看法……

● 有一句话，我觉得非常适合我们现在的情况，那就是……

这样表达，比你直接说的效果会好很多。

第二，加停顿。在强调重点和引导思考这两个地方加停顿，让观众有时间记忆和思考，此时无声胜有声。

第三，加情绪。如果你很伤心，你的声音可能会变得低沉；如果你很激动，你的声音可能会变得高亢。如果一个人的语气从头到尾都是一个调，那听起来会很单调，像念经一样。

减少"嗯""啊"

在演讲中说太多"这个这个""那个那个""嗯~，嗯~"等语气词，会迅速消耗听众的耐性和信任。很多人有这样的习惯，自己可能都没意识到，建议多回听、回看自己的演讲。只有我们自己意识到这个问题，才能有意识地纠正，慢慢减少对这些语气词的使用。

55%肢体语言

对于初学者而言，最容易犯的错误是：小动作多、手不会放、眼不敢看。所以我们要做到以下几点。

（1）不做小动作!

（2）知道手放哪里。

（3）知道眼看哪里。

不做小动作

一紧张，人就容易做一些小动作，比如搓手、挠头、来回晃身体等。这些无意识的小动作，会让你看起来局促不安、不自信。初学演讲，我们要做的第一件事，就是不做这些无意识的小动作。

那问题来了，不做小动作，我们要做什么动作呢?

知道手放哪里

一紧张，你双手就会不自觉地交叉抱在胸前或者插进裤兜里，感觉有点别扭，对吧？其实，这是因为你感到不自在，想要保护自己。但是这样的姿势其实会让观众觉得你不那么容易亲近，好像在防备他们一样。

所以，记住一句话：当我们打开自己的身体，不再那么防备时，听众就会感受到我们的信任，也会更加容易接受我们的观点。

也许你觉得双手不停地做动作看起来有点傻，但其实听众会觉得非常自然。所以，放心地让你的手舞动起来吧！不管你是怎么比画的，都是正确的。而那些抱着手站在上面或者藏在讲桌后面的姿势，其实才是真的有点傻呢。

知道眼看哪里

一紧张，你就会看"三板"——地板、天花板、投影板，这会让听众觉得你很不自信。如果你不敢看听众的眼睛，那就看他们的头顶吧，他们是不会发现的。或者，你可以找到那些看起来比较友善的听众，有意识地跟他们对视、微笑，他们也会回你一个微笑，给你加油打气。你的注视，也会让听众感觉"这个话他在讲给我听"，让听众感觉被重视。

另外，很多人演讲的时候，总是喜欢一直看着屏幕，背对着听众，这样就很难和听众有眼神交流。你知道吗？

这样做其实会让听众觉得，你对自己要讲的内容不太熟悉，好像都不太理解。这样，听众就会对你失去信心，对你的演讲失去兴趣。

为什么有了文字之后，我们还要用演讲来表达？就是因为演讲能传递一些文字不能传递的东西。听众不仅在听你说话，还在看你的眼神，感受到你的情绪，以及你的动作和表情来传达出来的个性和魅力……如果只是阅读文字，就不会有这种感觉了。这种感觉真的很强大，它能给听众逼真的生命体验。

演讲 = 7%内容 + 38%声音 + 55%肢体语言

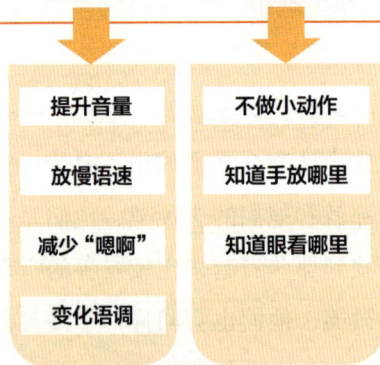

提升音量	不做小动作
放慢语速	知道手放哪里
减少"嗯啊"	知道眼看哪里
变化语调	

（突发）卡壳、被问倒了、时间到了没讲完……怎么办

当这些突发情况发生时，有没有什么好的应对方式，让突发事件对我们的影响降到最低，甚至是助力我们的临场发挥呢？

忘词了怎么办

1. 不管，继续讲。

忘词了怎么继续讲？没关系，跳过忘记的部分，继续讲记得的部分。想起哪里，就从哪里接着讲下去，反正也没有人知道你忘了哪部分。只要能自圆其说，那就没问题。如果在讲的过程中，把忘掉的想起来了，那就用补充说明的形式到后面再说。

2. 向听众要答案。

"好，这就是大数据的第二个重要特征。大数据的第三个重要特征，第三个特征是什么呢？（忘了！）来，各位朋友，让我们讨论一下，你眼中的大数据还有哪些重要特征呢？"这时，你要认真去听了，在他们的互动讨论中，说

不定就有你之前忘掉的词句。即使答案不是你忘掉的那部分，你也可以把听众最合理的建议引用到自己的演讲中。再不济，与听众互动的过程，也给你提供了宝贵的时间去想词。

设备坏了怎么办

这时的万能应对话术是："感谢……让你们有机会可以……"

比如话筒没声音，你可以说："感谢话筒，让你们有机会可以听到我的好声音。"

比如PPT播不出来，你可以说："感谢PPT，让你们有机会可以专注地看我。"

当你用这样的话术来说话时，通常听众会大笑，甚至会对你报以热烈的掌声，这些尴尬的场景反而成了你出彩的机会。

"被问倒了"怎么办

在回答问题前，首先要"确认问题"，就是用你自己的话再重述一遍听众的问题，这样还可以争取时间思考如何回答。

就算你不知道答案，也不要急着说"我不知道"。你可以说，先记下这个问题，然后在某个时间之前给大家一个答复。当然啦，你也可以把问题抛给听众或者反问回去，"这个问题真的很棒！在座的各位（或者你）有没有什么自己的见解呢？能不能先跟大家分享一下？"

突发情况影响最大的是情绪，对于没有太多演讲经验的小伙伴来说，这时可能就会感到"演讲无法进行了"。所以，这时一定要冷静！不能让情绪失控，用一两句机智的话应对即可。

（AI技术）如何用AI生成和优化演讲稿

想用 AI 写演讲稿，必先找到顺手的 AI 工具，我推荐以下三个工具。

- 文心一言
- 讯飞星火
- Notion AI

只需要下载这三个工具的 App 或者打开网页版，你就可以干活了。

如果你简单粗暴地问 AI："写一篇关于压力的演讲稿。"那么结果多半是，AI 会生成一篇虽然文字通顺，但是内容完全是随机的、假大空的、车轱辘话的讲稿。

> 写一篇关于压力的演讲稿。

> 标题：压力——成长的催化剂
>
> 尊敬的各位来宾：
>
> 大家好！
>
> 你是否曾在深夜里辗转反侧，心中挥之不去的是第二天的工作汇报？又或者在考试前夜，书本堆积如山，字迹密密麻麻却似乎难以入脑？这些时刻，我们共同的敌人——"压力"，悄然无声地将我们紧紧包围。

然而，今天我要探讨的，并非压力本身，而是它背后隐藏的秘密，以及我们如何将其转化为前进的动力。

想象一下，一位小提琴手在舞台上演奏，指尖在琴弦上跳跃，那曼妙的旋律令人陶醉。但谁又能想到，这位艺术家曾无数次在无人的角落里，对着冷冰冰的乐器落泪？是的，压力如同无形的手，推动着他不断练习，直至炉火纯青。压力之下，有人选择逃避，有人则选择坚持，而历史总是善待后者。

我们不妨回顾一下科学界的伟人爱因斯坦。当他提出相对论时，面对的是同行的质疑和嘲讽。那份压力，没有让他退缩，反而激发出他更深层次的思考与探索。正是那份压力，铸就了物理学的里程碑。再比如体坛巨星迈克尔·乔丹，高中时期被篮球队裁掉，那份羞辱和挫败感无疑沉重至极。然而，他没有因此放弃，相反，这样的压力成了他不断训练、最终成为"篮球之神"的催化剂。

在我们的日常生活中，压力同样扮演着重要的角色。工作中的截止日期让我们不得不提高效率；学业中的激烈竞争促使我们更加努力学习；家庭责任的重担逼迫我们变得更加成熟稳重。每一次的应对和克服，都是对自我能力的一次升华。

　　然而，我们也不应该忽视压力带来的负面影响。长时间的高强度压力会对我们的身心健康构成威胁。因此，学会管理压力，找到释放和调节的方法就显得尤为重要。或许，我们可以从简单的散步开始，让新鲜的空气冲刷疲惫的心灵；抑或通过倾听音乐、阅读书籍来暂时逃离现实的束缚。更重要的是，我们需要认识到自己的极限，适时地向他人寻求帮助和支持。

　　在此，我想说，压力并不是我们的敌人，而是塑造我们的雕刻刀。它使我们痛苦，同时也赋予我们力量。当我们学会拥抱压力，将它作为成长的催化剂时，无论是工作还是生活，我们都将无往而不胜。

　　最后，我希望每一位在座的朋友都能正视压力，勇敢地面对它，最终超越它。让我们一起迎接那些看似艰难却又充满机遇的挑战吧！因为只有这样，我们才能在压力的磨砺下，成就更好的自己。

　　谢谢大家！

（以上内容由讯飞星火AI生成。）

你要用好AI，就需要很好地引导它，步骤如下：

（1）定主题（你我他）

（2）提要求（大树法则）

（3）调细节（人工修改）

定主题（你我他）

AI能帮你找到演讲主题。

Sophie魔法师要念"咒语"了。

AI提示词模板

我是 <u>谁</u>（演讲者–我），针对 <u>谁</u>（观众–你），将在 <u>哪里</u>（场合–他），做一场关于＿＿＿＿＿的演讲，请提供10个演讲主题，要求有吸引力，15个字以内。

> 我是 <u>一名中学生</u>，针对 <u>同学</u>，将在 <u>班级班会</u>，做一场关于压力的演讲，请提供10个演讲主题，要求有吸引力，15个字以内。

1. 压力大作战：笑对挑战秘籍

2. 焦虑解码：轻松应对考试季

3. 时间魔法：高效学习小妙招

4. 心灵马拉松：跑向快乐终点

5. 逆境中绽放：坚韧的力量

6. 智慧之剑：战胜作业山

7. 梦想加油站：动力全开秘诀

8. 情绪调色盘：绘出正能量

> 9. 青春飞扬：舞动无压生活
> 10. 星光璀璨：在压力下闪耀

只有当AI更清楚地知道你的任务是什么时，它才能更好地完成任务。

第2个主题《焦虑解码：轻松应对考试季》，就很不错，符合"大树法则"–干（主题）的标准（"一小你多新"），把"焦虑"改成"压力"更凸显主题——《压力解码：轻松应对考试季》，搞定！

提要求（大树法则）

为了让AI更好地满足你的需求，你可以在创作过程中给它提供更详细的指导，基本的框架其实就是演讲"大树法则"。坐稳了，Sophie魔法师又要念"咒语"了。

AI提示词模板

我是_____（演讲者–我），针对_____（听众–你），将在_____（场合–他），做一场关于（干–主题）_____的演讲，帮我写一篇演讲稿，要求口语化表达，____分钟。开场白_____；（枝–逻辑）演讲结构是_____，展开演讲；（叶–故事）素材选用古今中外的名人故事；（果–传播力和影响力）结尾呼吁行动：＿＿＿＿＿＿＿＿＿＿＿。

> 我是 一名中学生 ，针对 同学 ，将在 班级班会 ，做一场关于（干‐主题）《压力解码：轻松应对考试季》的演讲，帮我写一篇演讲稿，要求口语化表达，5分钟。开场白 设计压力测试互动 ；（枝‐逻辑）演讲结构是三点式：什么是压力，为什么有压力，如何化解压力，展开演讲；（叶‐故事）素材选用古今中外的故事或者热点名人故事；（果‐传播力和影响力）在结尾呼吁行动：……的时候，我们要……；……的时候，我们要……；……的时候，我们要…… 。

（发现没，填空的内容全部都是这本书的知识点。）

大家好！

　　在座的各位同学，考试季是不是让你们感到既紧张又焦虑呢？咱们来做个小游戏，测一测你的压力指数。请大家闭上眼睛，想象自己正在一片宁静的湖边，现在请你告诉我，你的心跳是快速还是平缓？保持这样的心态，我们开始今天的演讲——《压力解码：轻松应对考试季》。

　　首先，我们来说说什么是压力。压力就像是我们背上的一个看不见的背包，里面装满了作业、考试、期望还有担心。它无时无刻不在影响着我们的情绪和表现。

那为什么我们会有压力呢？原因很简单，因为我们在乎结果，我们害怕失望，我们想要做到最好。但是，有时候这些期望会变得过重，让我们喘不过气来。

那么，我们该如何化解压力呢？这需要我们找到合适的方法。比如，我们可以制定一个合理的学习计划，让自己的学习更有条理；我们还可以通过运动、听音乐或者与朋友聊天的方式放松心情。

让我们来看看历史上的一些伟人是怎么应对压力的。你们知道吗？爱因斯坦就曾说过："在危机中寻找机遇。"他在科学探索的道路上遇到了不少困难和挑战，但他总能从中找到解决问题的新方法，最终成了伟大的科学家。

还有我们熟悉的NBA篮球巨星迈克尔·乔丹，他高中时被校篮球队裁掉，但这次失败并没有让他放弃，反而激励他更加刻苦训练，最终成就了一段篮球传奇。

所以，同学们，当我们感到焦虑不安的时候，我们要告诉自己："深呼吸，一切都会好起来的。"当我们面对困难的时候，我们要勇敢地站起来，对自己说："我可以做到！"当我们觉得累了的时候，我们要记得给自己一些放松的时间，听听音乐，散散步，然后再继续前进。

最后，我想说的是，考试并不是生活的全部，它只是检验我们学习成果的一种方式。不要让考试成为我们生活中的压力源，而应该把它看作是一次展示自己所学知识的机会。所以，让我们一起轻松应对考试季，用我们的智慧和勇气去迎接每一个挑战吧！

谢谢大家！

通过这些详细的指导，你可以成为真正的"内容大师"，更好地掌控生成的内容。这样，你就可以省下好多时间和精力，放在内容的创新和深度上。

调细节

AI写的演讲稿，虽然流畅，但是少了些深度和独特的感觉。所以，拿到AI写的演讲稿后，我们还要给它加上"演讲素材库"里收集的宝贝们，或者加上自己的故事，因为我们的思想、情感和经历都是独一无二的，这是机器无法替代的。交给AI进行二次润色后再自己动手改一改。

"咒语"来了

二次润色以上演讲稿，修改之后的内容如下。

（干－主题）开场白的测试换成心理压力测试图。是一张静止的图片，一般人会看到图片在动，心理压力越大，图片转动越快。

（枝－逻辑）化解压力有两招：（1）正确看待压力；（2）留出休息时间。

（叶－故事）（1）正确看待压力，加上素材，斯坦福大学的心理学教授阿莉娅·克拉姆（Alia Crum）曾做过一个有趣的实验，她将实验受试者分成两组，一组观看"压力是不好的"影片，另一组观看"压力是好的"影片，接着两组都接受压力面试。结果发现，观看"压力是好的"影片的组员，表现会更好，身体会分泌更多帮助大脑和伤口修复的神经类固醇。

加上金句：人类不是被事情本身所困扰，而是被他们对事情的看法所困扰。

（2）留出休息时间，加上类比，正如运动能增强体质一样，适当的休息时间也能恢复精神。

加上素材，教育主管部门发布"睡眠令"，聪明孩子要睡够。小学生每天睡眠时间应达到10小时，初中生应达到9小时，高中生应达到8小时。

要求口语化表达。

大家好！

　　今天，我要和大家聊一个我们都很关心的话题——如何轻松应对考试季。在我们开始之前，我想先让大家看一张图片。这是一张很神奇的图片，如果你看到它在动，那说明你的心理压力可能有点大哦！是的，你看到的这张图片转动的速度，可以反映出你内心的压力大小。那么，什么是压力呢？压力就像是我们背上的一个看不见的背包，里面装满了作业、考试、期望还有担心，它无时无刻不在影响着我们的情绪和表现。

　　那为什么我们会有压力呢？原因很简单，因为我们在乎结果，我们害怕失望，我们想要做到最好。但是，有时候这些期望会变得过重，让我们喘不过气来。

　　那么，我们该如何化解压力呢？这需要我们找到合适的方法。首先，我们要正确看待压力。压力并不全是坏事，它也可以成为我们前进的动力。就像斯坦福大学的心理学教授阿莉娅·克拉姆曾做过的一个实验，她将实验受试者分成两组，一组观看"压力是不好的"影片，另一组观看"压力是好的"影片，接着两组都接受压力面试。结果发现，观看"压力是好的"影片的组员，表现会更好，身体会分泌更多帮助大脑和伤口修复的神经类固醇。这就告诉我们，人类不是被事情本身所困扰，而是被他们对事情的看法所困扰。

其次，我们要学会留出休息时间。正如运动能增强体质一样，适当的休息也能让我们恢复精神。我们的教育主管部门甚至发布了"睡眠令"，强调聪明孩子要睡够。小学生每天睡眠时间应达到10小时，初中生应达到9小时，高中生应达到8小时。所以，我们在努力学习的同时，也不要忘记给自己一些放松的时间哦！

最后，我想说的是，考试并不是生活的全部，它只是检验我们学习成果的一种方式。不要让考试成为我们生活中的压力源，而应该把它看作是一次展示自己所学知识的机会。所以，让我们一起轻松应对考试季，用我们的智慧和勇气去迎接每一个挑战吧！

谢谢大家！

变变变！经过AI的协助和我们的修改，演讲稿"变"出来了！

压力解码：轻松应对考试季

大家好！

同学们，你们是不是感觉考试的时候压力巨大啊？我想先让大家看一张图片，测一测你的压力指数。

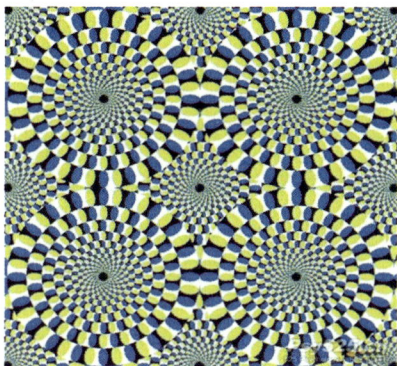

这是一张很神奇的图片，如果你看到它在动，那说明你的心理压力可能有点大哦！是的，你看到的这张图片转动的速度，可以反映出你内心的压力大小。

什么是压力呢？压力就像是我们背上的一个看不见的背包，里面装满了作业、考试、期望还有担心。它无时无刻不在影响着我们的情绪和表现。

为什么我们会有压力呢？原因很简单，因为我们在乎结果，我们害怕失望，我们想要做到最好。但是，有时候这些期望和担心会变得过重，让我们喘不过气来。

我们该如何化解压力呢？首先，我们要正确看待压力，压力并不全是坏事，它也可以成为我们前进的动力。斯坦福大学的心理学教授阿莉娅·克拉姆曾做过一个实验，她将实验受试者分成两组，一组观看"压力是不好的"影片，另一组观看"压力是好的"影片，接着两组都接受压力面试。结果发现，观看"压力是好的"影片的组员，表现会更好，身体会分泌更多帮助大脑和伤口修复的神经类固醇。这就告诉我们，人类不是被事情本身所困扰，而是被他们对事情的看法所困扰。

其次，我们要学会留出休息时间。正如运动能增强体质一样，适当的休息也能恢复精神。我们的教育主管部门甚至发布了"睡眠令"，强调聪明孩子要睡够。小学生每天睡眠时间应达到10小时，初中生应达到9小时，高中生应达到8小时。所以，我们在努力学习的同时，也不要忘记给自己一些放松的时间哦！

同学们，当我们感到焦虑不安的时候，我们要告诉自己："深呼吸，一切都会好起来的。"当我们面对困难的时候，对自己说："我可以做到！"当我们觉得累了的时候，我们要记得给自己一些放松的时间，听听音乐，散散步，然后再继续前进。

谢谢大家！

（即兴演讲）三个模型解决你的所有即兴演讲难题

即兴发言是很多人在生活中特别恐惧，却又不得不面对的场景，比如课堂上，老师突然点名让你回答问题；活动中，主持人突然点名让你发表感言；聚会中，亲友突然叫你分享见解……

即兴讲话最大的难处是，你根本没时间准备！大脑还没来得及把零散的想法组合好，结果嘴巴张开了，却不知道说什么好，心里着急，脸上尴尬。但是，如果你的大脑能提前准备好几种说话的框架，就能快速组合想法，从容表达看法了。

即兴讲话框架1："观音历劫"

即兴讲话框架2："问元芳"

即兴讲话框架3："赶过来"

即兴讲话框架1："观音历劫"

凡是需要你表达观点的即兴场景，都可以用"观音历劫"。

"观"，表示观点；

"音"，是"因"的同音字，表示原因；

"历"，是"例"的同音字，表示例子；

"劫"，是"结"的同音字，表示结论。

我们平日习惯了一问一答的短句模式去表达自己的观点，比如：

"你觉得电影好看吗？""好看。"

"近期学习情况如何？""一般般。"

"你最喜欢的体育运动是什么呢？""篮球。"

……

发现没？使用这种表达模式，你总是有种想说什么却说不出来，或者说出来却说得不够到位的感觉。这时，你需要赶紧补充上原因和例子，最后再回顾一下观点即结论，即"观音历劫"。

比如，有人问你："能力与态度，哪个更重要？"

你可以按以下的框架来即兴回答。

"观"（观点）——要做成一件事情，态度和能力，二者缺一不可，但相比之下，态度更重要。

"音"（原因）——因为提升能力相对容易，改变态度却非常困难。

"历"（例子）——如果你在学习上总是抱着积极的态

度，认真对待每一次作业和考试。那么，在这个过程中，你的能力肯定会得到提升。相反，如果你态度消极，总是觉得学习无聊或者太难，找借口不去练习，那么，你的能力也就得不到提升。

"劫"（结论）——世界著名的足球教练米卢说过："态度决定一切。"你过去的态度，决定了你现在的能力。你现在的态度，决定了你未来的能力。

再比如，我们的一位小学员在做演讲《像猫一样生活》时，用了以下的三点式逻辑。

（1）像猫一样吃好睡好运动好；

（2）像猫一样享受简单的快乐；

（3）像猫一样爱自己。

"观"（观点）——像猫一样吃好睡好运动好。

"音"（原因）——在猫的世界里，它们随时随地都在养生。

"历"（例子）——猫猫喜欢睡觉，尤其是躺在阳光好的地方。

"劫"（结论）——阳光和睡眠，是对众生平等的免费"大补药"。

"观"（观点）——像猫一样享受简单的快乐。

"音"（原因）——在猫的世界里，任何小东西都能带来快乐。

"历"（例子）——一根毛线、一个纸团，甚至自己的尾巴都能玩上半天。

"劫"（结论）——是啊，快乐其实很简单。有句网上的流行语："世界破破烂烂，小猫缝缝补补。"它们总能治愈我们的生活，生活虽然不简单，但我们可以简单过，越简单、越美好。

"观"（观点）——像猫一样爱自己。

"音"（原因）——在猫的世界里，所有的爱都是值得的。

"历"（例子）——铲屎官爱抚，猫猫们会发出"咕噜咕噜"的声音反馈；铲屎官铲屎，猫猫们会观察，"你对我的屎做什么，你有没有铲干净"；想要猫粮、猫条，它们就会在铲屎官脚边转来转去，抬着小脑袋瓜朝你喵喵叫。

"劫"（结论）——人在得到爱的时候，总是觉得自己不够好、不值得。而猫猫们从不担心自己不配，"小猫想要，小猫得到"，就是要相信我很好，我值得拥有爱、值得被关注。

即兴讲话框架2："问元芳"

凡是需要你回答一件事、一个问题如何解决的，你都可以用"问元芳"。

Sophie：元芳是电视剧《神探狄仁杰》里的一个侍卫，每次狄仁杰破案的时候都会问："元芳，你怎么看。"

"问"，表示问题；

"元"，是"原"的同音字，表示原因；

"芳"，是"方"的同音字，表示方法。

"问"（问题）——有没有发现，现在的中小学生，好像都不太爱运动了？

"元"（原因）——主要有两个原因：一是手机、平板电脑这些电子产品太吸引人了，大家都沉迷其中，都不想出门了；二是学校和家里给的压力太大了，做不完的作业，背不完的书，哪有时间去锻炼身体呢？

"芳"（方法）——哈佛大学有位教授叫约翰·瑞迪（John Ratey），他写了一本书叫《运动改造大脑》。他说运动后，人们的词汇学习速度竟然可以提高20%！运动不但不耽误我们学习，反而让我们学习得更快、更快乐。四肢发达，头脑更聪明！

那我们怎么"动"起来呢？其实很简单，就是三个词：尝试、坚持、陪伴！

尝试一下：现在很多地方都有免费或者超便宜的体验课，我们可以去试试看，找找自己真正喜欢的运动项目。

坚持一下：找到了自己喜欢的运动项目之后，我们要制定一个运动计划，然后坚持下去。

陪伴一下：邀请爸爸妈妈也一起参加运动。研究发现，有爸爸妈妈陪伴的孩子参加体育活动的概率，比没有父母陪伴的孩子竟然可以多出5.8倍！

即兴讲话框架3："赶过来"

凡是需要说宴席祝词、获奖致辞的时候，你都可以用"赶过来"。

"赶"，是"感"的同音字，表示感谢。

"过"，回顾过去发生的事情，讲一个让自己印象最深刻的故事，故事越有细节就越精彩。教你一招，可以按这个模式讲——"之前没和你/大家在一起的时候，是……样。自从遇到了你/大家，就变成了……样。"

"来"，展望未来，送出祝福。

比如，你获得了PPT演讲比赛的第一名，发表获奖感言，可以这样讲。

"赶"（感谢）——感谢老师和同学们的鼓励，让我有机会在这里发表获奖感言。同时，我还要感谢评委们对我的肯定，让我能够在这次比赛中获得第一名的好成绩。

"过"（过去）——之前我对PPT演讲一窍不通，每次要上台讲话就紧张得不行。自从遇到了大家，我就感受到了集体的力量和温暖。我们一起讨论、一起准备、一起练习，互相支持和鼓励。在这个过程中，我不仅学会了如何制作精美的PPT，还学会了如何表达自己的想法和观点。

"来"（未来）——希望以后和大家一起走得更远，今天我们是小小演讲家，明天我们勇敢地闯天下！

"观音历劫" 表达观点 ｜ "问元芳" 回答问题 ｜ "赶过来" 宴席祝词 获奖致辞

附录一
用"大树法则"拆解Sophie老师的演讲
《百学须先立志》

干（主题）

我希望观众听完后有什么样的感受，做什么决定与行动？

六一儿童节 +10岁成长礼，作为孩子家长代表演讲《百学须先立志》，我希望少年们早立志！立大志！立久志！

在座的各位小朋友都已经到了10岁，我想，我有一个非常非常非常重要的成长礼物送给大家，其实就是一句话——百学须先立志，就是要在学习之前立下自己的志向。那什么是"志"呢？是立志考好大学、立志赚很多钱，还是立志玩游戏？

干（开场白 引出主题）——开门见山，告诉观众，今天即将分享的内容是什么。

应用开场白技术1：设计问题(答案是主题)→引发思考→进入主题。

马上就有同学迫不及待想要回答了，我听到有说"不是"的，也有说"是"的。谁对？谁错？听完我的演讲，你就有答案了。

为什么要有志向？

想想，就算你考上好大学，可是考上了大学之后呢？学什么专业？从事什么工作？过什么样的人生？有没有想过？没想过，你就会得病，啥病？空心病，就是找不到自己人生的方向，不知道自己为什么而活。

所以，志向是我们前进的目标和动力。注意，立志是目标，不是过程。考好大学不是志向，只是你实现目标的一个过程。

比如你喜欢枪啊炮啊，可能你的目标是从事军事武器方面的研究，那在上中小学时，你是不是要学好跟武器有关的知识？比如数学、物理、化学。大学你是不是要去北京理工大学？因为北京理工大学的兵器技术研发专业很厉害，学校有资源能够帮助你实现目标。你是不是就可以选择北京理工大学的王牌专业——武器发射工程、飞行器设计与工程、弹药工程与爆炸技术，等等。等你大学毕业，是不是就可以去航天科技、航天科工、兵器装备等研究院所从事兵器研发工作？看到没，以终为始，方得始终。

通过一个具体的例子（喜欢枪炮，立志从事军事武器研究）来说明如何设定并实现目标。

什么是志向？

想想，赚很多钱，是你的欲望，还是志向？

我们来看看"欲"字是怎么写的，谷欠为欲，欠的像山谷一样大，所以有成语叫作欲壑难填。欲望很多时候都不是自己心里真正想要的、需要的，而是别人强加给你的，比如父母把未完成的梦想强加给我们。或者和别人攀比的，比如别人有苹果手表，所以我也要有苹果手表，这就是欲望。人没有志向就会跟风，比吃比喝比玩乐，人生就走偏了。就像一条漂泊在大海上的船，没有方向，那么任何方向的风，都是逆风。

叶（故事）——类比，将人生比作漂泊在大海上的船，既形象又具有启发性。

我们再看看"志"字是怎么写的，最早的"志"字，被刻画在战国时期的中山王厝方壶上，由3部分组成，分别是脚掌、地平线、心，意思是"心之所往"，你心里想去的地方，想成为的人。所以，志向就是我们内心的向往，立志不是立欲。

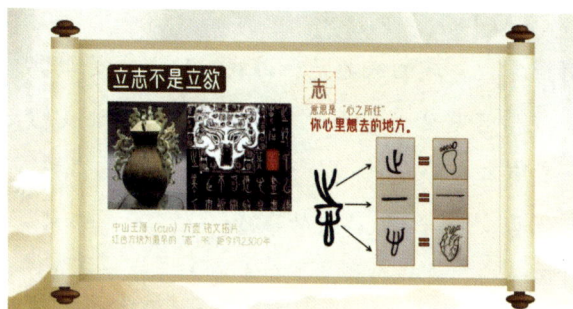

拆"欲"和"志"字证明观点。

枝（逻辑）——三点式逻辑升级玩法，即黄金三问大法：What（是什么）？ Why（为什么）？ How（怎么办）？

其中How（怎么办），又分三类，又是三点式逻辑：快乐、优势、有意义。

那如何找到我们的志向呢？

1. 快乐，做你感兴趣的事情。

不是性格决定命运，而是兴趣决定命运。比如乔布斯，虽然他脾气有点大，但他的兴趣让他成了改变世界的人。乔布斯从小就对电子学超级着迷，甚至会去附近的垃圾场翻找一些废弃的电子零件，然后拆解它们并重新组装起来。这为他以后开发苹果手机打下了坚实的基础。

创新观点：不是性格决定命运，而是兴趣决定命运。

乔布斯的例子，生动地展示了兴趣如何引领一个人走向成功。

有同学说，我的兴趣是玩游戏。玩游戏是娱乐，不是兴趣。娱乐只是让我们开心，但是兴趣可以让我们变得更厉害、更有本领。

2. 优势，比别人做得好的事情。

有同学问，我的兴趣总是变来变去、换来换去，3分钟热度，怎么破？很简单，你没有投入，没有给你的兴趣投入时间、精力、金钱等。最好的方法就是倒推，想想10年以后，你想在这个兴趣领域达到什么样的水平？人总是严重高估1年的变化，严重低估3年、5年、10年的变化。10年前，我就想成为全球最棒的PPT演讲老师，那会儿我啥都不是、啥也没有，10年后，我已取得了下面这些成就。

- 畅销书《PPT演讲力》《关键演讲》作者
  累计销量16万+册
  当当第八届影响力作家
- 精品课程《PPT演讲力》《关键演讲》讲师
  10年来，在国内北上广深等十余城市，以及受邀到海外的澳大利亚、加拿大授课，学员数万人，遍布IBM、华为、中石油等知名企业
- 微软MOS PPT官方认证满分获得者。
- 香港科技大学工商管理硕士（MBA）。
- 曾任上市公司海外销售经理，具有非常丰富的PPT演讲实战经验。

所以，兴趣经过刻意练习，才能转变成能力、优势。兴趣遍地都是，专注和持之以恒才是真正稀缺的。

3. 有意义，能帮助别人的事情。

如果你想立志、立大志，你就得帮别人。凭什么？因为当你想要做一件大事的时候，想获得大成功时，你会发现，自己一个人的智慧、力量是有限的、不够的，你得拥有一群人的智慧和力量。进一步，你可以想想，为什么别人愿意帮你，把他的智慧和力量给你？因为他们能从你的成功中获益，你的成功帮助了他们，所以他们希望你成功并支持你成功。

想想当年农民为什么支持红军？是因为红军真的为农民着想，农民没有土地、吃不上饭，红军"打土豪，分田地"，把土地分给农民，可以让他们过上好日子。

同学们，你们的志向是啥？百学须先立志！因为有志者，事竟成！

加油！同学们！谢谢！

用一句话概括我的演讲——百学须先立志！

号召结尾，首尾呼应，强调主题。

附录二
"大树法则"演讲能力自测表/评分表

（20道题，总分100分）

干（主题）

1. 我会分析听众的需求，能立刻说出演讲的价值点——帮助听众解决什么问题。

　　☐ A. 完全可以做到（5分）

　　☐ B. 可以做到（4分）

　　☐ C. 差不多能做到（3分）

　　☐ D. 不太能够做到（2分）

　　☐ E. 做不到（1分）

2. 我选择了一个有吸引力的标题（15字以内），能够概括演讲的核心内容。

　　☐ A. 完全可以做到（5分）

　　☐ B. 可以做到（4分）

　　☐ C. 差不多能做到（3分）

　　☐ D. 不太能够做到（2分）

　　☐ E. 做不到（1分）

3. 我会设计开场白（比如问问题、承诺等）去抓住听众的注意力。

    ☐ A. 完全可以做到（5分）

    ☐ B. 可以做到（4分）

    ☐ C. 差不多能做到（3分）

    ☐ D. 不太能够做到（2分）

    ☐ E. 做不到（1分）

4. 我围绕、不偏离主线，听众听完后能用一句"金句"说出演讲的中心思想。

    ☐ A. 完全可以做到（5分）

    ☐ B. 可以做到（4分）

    ☐ C. 差不多能做到（3分）

    ☐ D. 不太能够做到（2分）

    ☐ E. 做不到（1分）

枝（逻辑）

5. 我的演讲具备清晰的逻辑结构（比如三点式等）。

    ☐ A. 完全可以做到（5分）

    ☐ B. 可以做到（4分）

    ☐ C. 差不多能做到（3分）

    ☐ D. 不太能够做到（2分）

☐ E. 做不到（1分）

6. 我使用了过渡性的词语或句子，让听众更清楚演讲的逻辑顺序。

☐ A. 完全可以做到（5分）

☐ B. 可以做到（4分）

☐ C. 差不多能做到（3分）

☐ D. 不太能够做到（2分）

☐ E. 做不到（1分）

7. 我的PPT呈现的是重点内容，而不是"Word搬家"，什么内容都放进去。

☐ A. 完全可以做到（5分）

☐ B. 可以做到（4分）

☐ C. 差不多能做到（3分）

☐ D. 不太能够做到（2分）

☐ E. 做不到（1分）

8. 我的PPT具备封面页、目录页、过渡页、内容页、总结页，层次分明。

☐ A. 完全可以做到（5分）

☐ B. 可以做到（4分）

☐ C. 差不多能做到（3分）

☐ D. 不太能够做到（2分）

☐ E. 做不到（1分）

叶（故事）

9. 我能提供优质、新鲜、独特的内容，刷新听众的认知。

☐ A. 完全可以做到（5分）

☐ B. 可以做到（4分）

☐ C. 差不多能做到（3分）

☐ D. 不太能够做到（2分）

☐ E. 做不到（1分）

10. 我的演讲不会让人感到模糊或宽泛，而是很具体和充满细节的，令人印象深刻。

☐ A. 完全可以做到（5分）

☐ B. 可以做到（4分）

☐ C. 差不多能做到（3分）

☐ D. 不太能够做到（2分）

☐ E. 做不到（1分）

11. 我可以用恰当的比喻、类比帮助听众理解我正在描述的事物。

☐ A. 完全可以做到（5分）

☐ B. 可以做到（4分）

☐ C. 差不多能做到（3分）

☐ D. 不太能够做到（2分）

☐ E. 做不到（1分）

12. 我会"爆梗"（穿插幽默），让演讲"笑果"多多。

☐ A. 完全可以做到（5分）

☐ B. 可以做到（4分）

☐ C. 差不多能做到（3分）

☐ D. 不太能够做到（2分）

☐ E. 做不到（1分）

13. 我重视与观众的情感联系，通过分享个人经历、故事来建立与听众的信任和共鸣。

☐ A. 完全可以做到（5分）

☐ B. 可以做到（4分）

☐ C. 差不多能做到（3分）

☐ D. 不太能够做到（2分）

☐ E. 做不到（1分）

根（能量）

14. 我能轻松自如地运用手势、眼神和观众交流，不会感到尴尬。

☐ A. 完全可以做到（5分）

☐ B. 可以做到（4分）

☐ C. 差不多能做到（3分）

☐ D. 不太能够做到（2分）

☐ E. 做不到（1分）

15. 我准备了讲稿或提纲，能够脱稿演讲、不看PPT。

☐ A. 完全可以做到（5分）

☐ B. 可以做到（4分）

☐ C. 差不多能做到（3分）

☐ D. 不太能够做到（2分）

☐ E. 做不到（1分）

16. 如果我在演讲过程中犯了错，我会用一些巧妙的措辞或者幽默的方式来化解尴尬局面。

☐ A. 完全可以做到（5分）

☐ B. 可以做到（4分）

☐ C. 差不多能做到（3分）

☐ D. 不太能够做到（2分）

☐ E. 做不到（1分）

17. 我能在规定的时间内完成演讲，避免提前或者超时。

☐ A. 完全可以做到（5分）

☐ B. 可以做到（4分）

☐ C. 差不多能做到（3分）

☐ D. 不太能够做到（2分）

　　☐ E. 做不到（1分）

　　18. 我积极引导观众参与演讲——通过提问、小组讨论或互动游戏等方式。

　　　　☐ A. 完全可以做到（5分）

　　　　☐ B. 可以做到（4分）

　　　　☐ C. 差不多能做到（3分）

　　　　☐ D. 不太能够做到（2分）

　　　　☐ E. 做不到（1分）

果（传播力和影响力）

　　19. 在演讲的结尾部分，我清晰、简明地总结了整个演讲的主题，让观众印象深刻。

　　　　☐ A. 完全可以做到（5分）

　　　　☐ B. 可以做到（4分）

　　　　☐ C. 差不多能做到（3分）

　　　　☐ D. 不太能够做到（2分）

　　　　☐ E. 做不到（1分）

　　20. 我的着装得体大方，能够反映我的性格和演讲风格。

　　　　☐ A. 完全可以做到（5分）

　　　　☐ B. 可以做到（4分）

　　　　☐ C. 差不多能做到（3分）

☐ D. 不太能够做到（2分）

☐ E. 做不到（1分）

评分表

干（主题）得分：_____

枝（逻辑）得分：_____

叶（故事）得分：_____

根（能量）得分：_____

果（传播力和影响力）得分：_____

合计得分：_____

今后需要重点提升的方向是：_____